RENSEIGNEMENTS

SUR QUELQUES

PEINTRES ET GRAVEURS

DES XVIIᵉ ET XVIIIᵉ SIÈCLES.

ISRAEL SILVESTRE

RENSEIGNEMENTS

SUR QUELQUES

PEINTRES ET GRAVEURS

DES XVIIe ET XVIIIe SIÈCLES

ISRAËL SILVESTRE

ET SES DESCENDANTS

PAR

E. DE SILVESTRE.

SECONDE ÉDITION.

PARIS
IMPRIMERIE DE MADAME VEUVE BOUCHARD-HUZARD,
RUE DE L'ÉPERON, 5.
—
1869

AVERTISSEMENT

DE LA PREMIÈRE ÉDITION.

Plusieurs biographes ont écrit des notices sur Israël Silvestre et sur sa famille ; mais, n'ayant pas entre les mains tous les documents propres à les diriger dans leur travail, ils ont, malgré leurs recherches et leur talent, commis certaines erreurs qu'il m'a paru nécessaire de rectifier. Ce sera en m'appuyant sur les titres authentiques qui se trouvent en ma possession, que je ferai connaître, autant que possible, ce qui concerne Israël Silvestre et ses descendants qui, tous, ont cultivé les arts.

Ces notes laisseront sans doute beaucoup à désirer. Elles paraîtront insuffisantes sous plusieurs rapports, et, aussi, trop détaillées à d'autres points de vue ; mais, recueillies d'abord comme de simples souvenirs de famille, si elles ne fournissent pas des renseignements complets sur Israël Silvestre et sur sa postérité, elles pourront au moins être consultées avec quelque fruit par les biographes à venir, comme aussi par les auteurs qui voudraient faire de nouvelles éditions des notices par eux déjà publiées.

Je ne dirai rien des nombreux travaux d'Israël Silvestre ni de leur importance artistique ; plusieurs écrivains, aussi bien ses contemporains que postérieurs à lui, en ont suffisamment parlé. Le but principal de cette notice est, je le répète, de relever des erreurs qui se sont glissées dans divers écrits où il est question de cet artiste et de sa famille, erreurs qui, sans cesse reproduites, pourraient, si elles n'étaient signalées, finir par s'accréditer.

Toutefois, bien que je ne me propose, en aucune façon, d'examiner, en détail, l'œuvre qui a mérité à Israël Silvestre sa réputation, je ferai seulement observer ici que les ouvrages de cet artiste sont non-seulement recherchés par les connaisseurs au point de vue de leur belle exécution, mais qu'ils sont encore précieux pour les archéologues en raison de la parfaite exactitude avec laquelle y sont représentés une foule de monuments qui n'existent plus aujourd'hui. C'est une remarque qu'a faite très-justement M. Faucheux, dans la notice qui précède son catalogue de l'œuvre de cet artiste célèbre (1).

Quant à ce qui regarde les descendants d'Israël Silvestre, j'indiquerai leurs principales productions, tant celles qui me sont connues, et que je possède en grande partie, que celles que je n'ai pas encore rencontrées, mais qui sont mentionnées dans les ouvrages spéciaux où il est parlé de leurs auteurs. J'adresse ici des remercîments tout particuliers à M. de Baudicour, qui a bien voulu mettre à ma disposition sa belle collection des graveurs français, et à M. Meaume, qui m'a donné des renseignements précieux sur différentes pièces peu connues qui sont dues aux artistes de la famille d'Israël Silvestre.

J'ai cru devoir diviser ce travail en trois parties distinctes, afin d'éviter la confusion qui serait résultée de l'introduction, dans le texte, de tous les documents à l'appui, et, de plus, de l'addition d'un assez grand nombre de notes historiques et explicatives.

Je n'ai donc inséré dans le texte qu'un très-petit nombre de documents, et j'en ai reporté la plus grande partie à la suite des notes dont j'ai formé aussi un groupe séparé.

Les titres, brevets et documents divers qui se trouvent à la fin de cette notice, et par ordre de dates, sont inédits, pour la plupart, et ont été copiés, je le répète, sur les pièces originales que j'ai entre les mains, et qui portent les noms (autographes) des personnages, princes ou ministres, qui les ont signées ou contre-signées.

Les numéros entre parenthèses, qui sont dans le texte, indiquent des renvois aux notes.

A la suite de cet avertissement, j'ajouterai que, depuis la publication de la première édition, je me suis procuré, tant en France qu'à l'étranger, en Allemagne surtout, un assez grand nombre de documents au moyen desquels j'ai pu rendre mon travail plus complet et, peut-être aussi, plus intéressant. J'ai dû, en même temps, corriger quelques erreurs d'impression, de dates, particulièrement, que le désir de hâter la publication de ma première notice m'avait empêché de constater et de relever.

Si cette nouvelle édition est plus complète que la première, je le dois, en grande partie, à l'obligeance de M. Le Roi, conservateur et archiviste de la bibliothèque de Versailles, et à celle de M. de Weber, bibliothécaire-archiviste de la ville de Dresde. Ces deux savants ont bien voulu tirer de leurs archives, et me communiquer les documents qui pouvaient m'être utiles, avec une bienveillance et un empressement pour lesquels je leur témoigne ici toute ma gratitude.

Ces renseignements m'ont permis de m'étendre sur la vie de Louis de Silvestre, plus que sur celle des autres membres de la famille, et aussi de faire une notice spéciale sur la plus jeune des filles de Louis, Marie-Maximilienne de Silvestre, qui, peintre d'abord, est devenue, plus tard, lectrice de la duchesse de Saxe, Marie-Josephe, depuis Dauphine de France. Plusieurs détails historiques inédits concernant cette princesse au service de laquelle Marie de Silvestre est restée plus de vingt ans augmenteront, je n'en doute pas, l'intérêt que pourra offrir, d'ailleurs, cette nouvelle notice.

ISRAËL SILVESTRE.

La famille d'Israël Silvestre est originaire d'Écosse. Elle vint s'établir en Lorraine au commencement du xvıe siècle, et, là, elle se divisa en deux branches, dont une resta en Lorraine et l'autre passa en Bourgogne, où sa trace a été perdue (2). Un des membres de la branche qui s'était fixée à Nancy, Giles Silvestre, épousa, vers 1620, Élisabeth Henriet, fille de Claude Henriet, peintre du duc de Lorraine (3). De ce mariage naquit, le 13 août 1621, Israël Silvestre (4), qui fut tenu sur les fonts baptismaux par Israël Henriet, son oncle maternel*.

Israël Silvestre passa son enfance à Nancy, où il manifesta, de très-bonne heure, un goût prononcé et les plus heureuses dispositions pour l'art qui de-

---

* Voir sur Claude Henriet et sur son fils, Israël Henriet, l'excellent travail de M. Meaume, intitulé : *Recherches sur quelques artistes lorrains*. Voir aussi le titre de naturalité d'Israël Henriet, qui se trouve, dans cette Notice, en tête des Documents.

vait un jour l'illustrer. Il apprit sous son père* les premiers éléments du dessin et de la peinture ; mais celui-ci étant mort victime de la grande peste qui désola Nancy de 1630 à 1637, Israël Silvestre, tout jeune encore, fut envoyé à Paris**, où Is. Henriet, son oncle et son parrain, le reçut comme son propre fils et comme son élève. Ses progrès furent rapides et lui permirent, après quelques années d'un travail assidu, de quitter son maître pour s'ouvrir une carrière indépendante. Ce fut alors que, tant à Paris que dans diverses provinces de France et en Italie, où il fit plusieurs voyages, il employa un certain nombre d'années à composer une multitude d'ouvrages qui établirent sa réputation comme dessinateur et comme graveur.

Il commença, très-jeune, la série de ses voyages. Il débuta par l'Italie, d'où il revint vers 1640, à peine âgé de vingt ans, et où il retourna encore deux autres fois. Au sujet de ces trois voyages en Italie, je ne peux m'appuyer sur aucun document de famille pour en préciser les époques. M. Faucheux, qui s'est occupé de cette question et qui s'est efforcé de la résoudre, n'a pu arriver qu'à des probabilités, ce qui est déjà beaucoup quand, sur ce point, l'artiste n'a presque rien laissé dans son œuvre, ni dans ses écrits,

---

* Giles Silvestre, en épousant la fille de Claude Henriet, commença à s'adonner à la peinture sur verre. Moreri assure qu'il poussa cet art assez loin. Aujourd'hui, on ne connaît de lui, non plus que de Claude Henriet, aucune production dont l'origine soit suffisamment constatée.
** A l'âge de dix ans, selon Moreri.

qui puisse guider le biographe. M. Faucheux ne s'est pas laissé rebuter par les difficultés; il est parvenu à fixer, d'une manière qui parait être assez exacte, les dates de ces divers voyages. Selon lui, le premier aurait eu lieu avant 1640, le second de 1643 à 1644, et le troisième vers 1653.

Quoi qu'il en soit, c'est après avoir parcouru, à diverses reprises, la France, la Lorraine et l'Italie, que, vers 1659, à l'âge de 38 ans environ, Is. Silvestre, possédant déjà une riche collection de dessins et de planches gravées, vint définitivement se fixer à Paris, et qu'il songea à tirer parti du fruit de ses travaux. Deux motifs rendent cette date très-probable : le premier, c'est que, cette même année, Silvestre obtint du roi le privilége d'imprimer et de vendre ses ouvrages, *à l'exclusion de tous autres*[*]; le second, c'est que, dès l'année suivante, il postula un titre de naturalité, qui lui fut accordé le 31 janvier 1661[**].

Israël Henriet, son oncle maternel, le constitua, en 1661, son légataire universel et son exécuteur testamentaire. Le testament, où Israël Henriet est désigné comme peintre et dessinateur du roi, fut reçu par Gigot et Plastrier, notaires, à Paris, le 8 avril 1661; un codicille y fut ajouté le 18 du même mois. Les biographes n'ont pu, jusqu'à présent, qu'indiquer l'année de la mort d'Israël Henriet; je crois

---

[*] Voir les Documents.
[**] *Idem.*

donc devoir préciser ici l'époque de cette mort. Elle eut lieu le 24 avril 1661, comme le prouve, au reste, le document suivant : « Le lundi 25ᵉ d'avril 1661, convoy général de feu M. Israël, peintre dessinateur du Roy pris rue de l'Arbre-Sec (Saint-Germain-l'Axerrois). » J'ajouterai que son neveu Is. Silvestre obtint du roi, le 25 octobre de la même année, la permission d'imprimer les ouvrages de Callot, à l'exclusion de tous autres*, privilége dont Israël Henriet avait joui jusque-là.

Ce ne fut qu'à l'âge de 41 ans, le 10 septembre 1662, qu'Israël Silvestre se maria. Il épousa Henriette Sélincart**, d'une famille de marchands, âgée alors de 18 ans, et remarquable autant par son esprit que par sa beauté. Charles Le Brun, premier peintre du roi, a fait les portraits au pastel d'Israël Silvestre et de sa femme. Ces deux belles pièces, qui sont toujours restées dans la famille, font aujourd'hui partie de ma collection. Le portrait d'Israël Silvestre a été gravé par Edelinck sous trois états; je ne pense pas que celui d'Henriette Sélincart ait jamais été gravé***.

M. Faucheux, qui a vu chez moi ces deux portraits peints par Le Brun, a attribué, par erreur, dans la

---

* Voir les Documents.

** Au moment de cette union, la mère d'Henriette, veuve de Pierre Sélincart, marchand de Paris, avait épousé, en secondes noces, Jaques Coulon, sieur de Breval, qui assista sa belle-fille à son mariage. (Voir les documents.)

*** Les deux portraits d'Israël Silvestre et d'Henriette Sélincart vont être gravés par M. Baldus, au moyen de son procédé héliographique, d'après les pastels originaux.

vie d'Israël Silvestre, qui précède son catalogue, le portrait d'Henriette Sélincart au peintre Nocret. Il est vrai que Nocret a fait un portrait à l'huile de la femme d'I. Silvestre, mais, malheureusement, je ne l'ai jamais possédé ni même vu. A part cette erreur de nom, la description que M. Faucheux fait du portrait d'Henriette Sélincart est très-exacte (5).

L'année qui suivit son mariage, le 20 mars 1663, Israël Silvestre fut nommé dessinateur et graveur du roi*.

La même année, le 17 août, il eut, pour premier enfant, une fille, Charlotte-Marguerite, dont le parrain fut Charles Le Brun, et qu'il perdit peu après.

L'année suivante, le 10 juillet 1664, Henriette Sélincart lui donna une autre fille qui, par la suite, en 1684, épousa Nicolas Petit, sieur de Logny, avocat au parlement. I. Silvestre demeurait alors rue de l'Arbre-Sec, dans la maison qui lui avait été laissée par son oncle, Israël Henriet, et où il logeait depuis qu'il était fixé à Paris. Ce ne fut que le 13 mars 1666 qu'il acheta, rue du Mail, une maison qu'il alla habiter.

En 1665, sur l'ordre de Colbert, il se rendit en Lorraine et en Champagne pour prendre les vues de plusieurs places fortes enlevées par l'armée française. Il y dessina Toul, Sedan, Metz, Mézières, Charleville, Montolympe, Marsal....., dont il fit, plus tard, à Paris, les planches gravées. On trouve

---

* Documents.

à la bibliothèque impériale, dans la collection des pièces manuscrites reçues par Colbert, plusieurs lettres qu'Israël Silvestre écrivit au ministre pour le tenir au courant de ses travaux.

Le 1ᵉʳ janvier 1667, I. Silvestre fut nommé maître à dessiner des pages de la grande écurie*. Le Roi, à cette époque, résidait à Saint-Germain-en-Laye, où se trouvaient naturellement les pages et les officiers appartenant aux écuries.

Plus tard, quelques années avant que d'aller se fixer définitivement à Versailles, Louis XIV destina à ses pages, pour habitation, deux vastes bâtiments qu'il faisait construire dans cette nouvelle résidence sur l'emplacement des anciens hôtels de Noailles, de Lauzun et de Guitry, et qui devaient lui servir, l'un de grande écurie et l'autre de petite écurie.

Ces deux belles constructions, commencées en 1679, furent achevées en 1682, époque à laquelle le roi avait décidé son installation à Versailles. On les voit encore telles, à peu près, qu'elles étaient à cette époque quant à l'aspect extérieur. Elles font face au palais, à l'entrée du milieu de la Place d'armes, conservant toujours leurs anciennes dénominations de Grande et de Petite Écurie.

Les deux écuries du Roi avaient été élevées par Mansard sur des plans identiques, bien que leurs destinations fussent un peu différentes.

Voici ce qu'en dit M. Le Roy dans son *Histoire*

---

* Documents.

des rues de Versailles et de ses places et avenues, ouvrage curieux et intéressant qui est devenu, malheureusement, trop rare* : « Les écuries de nos Rois se
« composaient, à Versailles, de deux parties, la
« Grande-Écurie et la Petite-Écurie. Ce que l'on
« nommait la Grande-Écurie avait pour chef le grand
« écuyer de France, l'une des premières charges
« de la cour; puis, elle renfermait des écuyers,
« la maison des pages de la Grande-Écurie, les divers
« officiers servant aux grandes cérémonies, tels que
« les hérauts d'armes, les porte-épées et porte-man-
« teaux, et les trompettes de la chambre du roi; de
« plus des chevaux de mains servant au roi et aux
« princes, et tout le domestique nécessaire pour le
« service.

« La Petite-Écurie était commandée par le pre-
« mier écuyer; venaient ensuite les écuyers et les
« pages de la Petite-Écurie; enfin les cochers, valets
« de pied et tous les gens nécessaires au service et
« à l'entretien des voitures du Roi et des chevaux de
« traits qui se trouvaient dans les attributions de
« cette écurie. La livrée de ces deux écuries se re-

---

* Une seconde édition de l'ouvrage de M. Le Roi vient de paraître, en deux volumes, enrichie d'une foule de documents nouveaux. L'auteur a, en outre, orné cette édition de plusieurs plans, et gravures qui en augmentent l'intérêt en permettant de suivre sur ces plans, les événements nombreux et parfois émouvants qui sont rapportés dans le texte.

Le nouvel ouvrage de M. Le Roi, qui a acquis une véritable importance historique, a pour titre : *Histoire de Versailles, de ses rues, places et avenues depuis l'origine de cette ville jusqu'à nos jours*. 2 vol. grand in-8°.

« connaissait aux galons des manches placés en tra-
« vers pour les employés de la grande et de haut en
« bas pour ceux de la petite.

« De cette division des Écuries du roi vient le
« nom de Grande et de Petite-Écurie donné aux bâ-
« timents dans lesquels chacune d'elles était pla-
« cée. »

Il est à croire que la charge de maître à dessiner des pages de la grande Écurie entraînait celle de maître des pages de la petite ; car I. Silvestre et ses fils ont successivement pris ce double titre, bien qu'il ne fût question, dans la plupart de leurs brevets, que de la charge de maître à dessiner des pages de la Grande-Écurie.

Le 10 avril 1667, Is. Silvestre eut son troisième enfant, qui fut baptisé le 11 du même mois.

Is. Silvestre reçut, le 20 décembre 1668, un premier brevet qui lui accordait un logement aux galeries du Louvre, logement qui avait été occupé, jusqu'alors, par M. Baimbra, orfévre de Sa Majesté. Ce brevet est consigné aux documents.

L'année qui suivit, le 20 mars 1669, Is. Silvestre eut un second fils, qui naquit aux galeries du Louvre et qui fut baptisé, le 26 du même mois, dans la chapelle du château. Cet enfant eut pour parrain le grand Dauphin, premier fils de Louis XIV, alors âgé de huit ans*.

---

* Le grand Dauphin, né en 1661, mourut à Meudon en 1711, à l'âge de 50 ans.

Le 7 août 1669, il perdit, aux galeries du Louvre, une fille du nom de Marguerite, qui était née le 22 mars 1668, rue du Mail. Un troisième fils, Charles, qu'il eut au mois d'août 1670, et dont Charles Le Brun fut le parrain, mourut également en bas âge.

En 1670, le 16 octobre, I. Silvestre reçut le brevet d'académicien en l'Académie de peinture et de sculpture * : sa réception n'eut lieu que le 6 décembre suivant.

Le 26 décembre 1672, il eut un quatrième fils, Alexandre Silvestre, qui naquit aux galeries du Louvre, et qui fut ondoyé le 27.

Le 21 avril 1673, il fut nommé maître à dessiner de Monseigneur le Dauphin **. Le prince était alors âgé de 12 ans.

En 1675, un logement aux galeries du Louvre, jusqu'alors habité par le Sr Valdor, devint vacant ; Is. Silvestre, le trouvant plus spacieux et plus commode que celui qu'il occupait déjà aux mêmes galeries, en demanda la jouissance, laquelle lui fut accordée par brevet, en date du 10 mai (documents).

Le dernier enfant d'I. Silvestre, Louis Silvestre (junior), naquit aux galeries du Louvre, le 23 juin 1675. Les biographes ont confondu pour la plupart, jusqu'ici, ce cinquième fils d'I. Silvestre avec le troisième qui portait le même nom de Louis. Ils

* Documents.
** *Idem*.

n'ont fait qu'un seul et même personnage de ces deux frères, auquel ils ont attribué les ouvrages de l'un et de l'autre. Ils ont ignoré que le filleul du grand Dauphin était Louis Silvestre l'aîné, et que celui qui est devenu premier peintre du roi de Pologne était le plus jeune des deux frères. En parlant, plus bas, de la descendance d'I. Silvestre, je ferai voir plus particulièrement ce qui distingue ces deux artistes.

Pour établir, en passant, et d'une manière certaine, l'existence et l'âge des cinq enfants d'Israël Silvestre qui ont survécu à leur père, je transcrirai ce passage qui commence l'inventaire déjà cité :

« L'an mil six cens quatre vingt onze, le lundy
« dixiesme jour de decembre, deux heures de relle-
« uée. A la requeste de M. Nicolas Petit, sieur de
« Logny, advocat au Parlement, demeurant à Paris
« rue Plastrière, paroisse Sainct Eustache, au nom
« et comme exécuteur du testament olographe et
« ordonnance de dernière volonté de deffunct sieur
« Israël Siluestre, dessignateur ordinaire du Roy et
« maistre à dessigner de monseigneur le Dauphin et
« des pages des grande et petite écuries de Sa Ma-
« jesté, conseiller du Roy en son Académie royale
« de peinture et de sculpture, en datte du vingt may
« mil six cent quatre vingt dix et codicille pareille-
« ment olographe...

« Et encor ledit sieur de Logny, tant en son nom
« à cause de dame *Henriette-Suzanne* Silvestre, son

« épouse, que comme tuteur de *François*, aagé de
« vingt-quatre ans et demy, *Louis*, de vingt-deux
« ans, *Alexandre*, de dix-neuf ans, et de *Louis* Sil-
« vestre, aagé de dix-sept ans, le tout ou environ,
« lesdits sieurs Siluestre et ladite dame de Logny,
« frères et sœur, habiles à se dire et porter héri-
« tiers chacun pour un cinquième dudit deffunct
« sieur Israël Silvestre leur père, et de deffuncte
« dame Henriette Selincart, leur mère. »

Il ne sera pas inutile de transcrire encore ici ce début de l'acte de partage des biens d'I. Silvestre, au 1er may 1694.

« Par devant les conseillers du Roy, notaires et
« gardenottes de Sa Majesté, au Chastelet de Paris
« soussignez, furent présents sieur *François* Sil-
« uestre, maistre à dessigner de messeigneurs les
« princes les ducs de Bourgogne, d'Anjou et de
« Berry, petits-fils de France et des pages des
« grande et petite écuries du Roy, demeurant à Paris
« aux galleries du Louvre, paroisse Saint-Germain-
« Lauxerrois, majeur; sieur *Louis* Siluestre, cy de-
« vant mousquetaire du Roy, demeurant rue du Coq,
« susdite paroisse, aussy majeur; sieur *Alexandre*
« Siluestre, demeurant rue des Prouvaires, paroisse
« Saint-Eustache; sieur *Louis* Siluestre, demeurant
« rue des Nouvelles Catholiques, susdite paroisse
« Saint-Eustache, lesdits sieurs Alexandre et Louis
« Siluestre, mineurs émancipés d'aage proceddans
« sous l'auctorité du sieur Charles Nocret..... et
« M. Nicolas Petit, sieur de Logny, advocat au Par-

« lement, et dame Henriette-Suzanne Siluestre, son
« espouze, qu'il aucthorize à l'effet desdites pré-
« sentes, demeurant rue Plastrière, susdite parroisse
« Saint-Eustache. Lesdits sieur Siluestre et dame
« de Logny, frères et sœur enfans et heritiers, cha-
« cun pour un cinquiesme, de deffunct Israël Sil-
« uestre, dessignateur ordinaire du Roy, maître à
« dessigner de monseigneur le dauphin et des pages
« des grande et petite écuries de Sa Majesté, et dame
« Henriette de Selincart, son espouze, leur père et
« mère. Disans les parties, etc... »

Henriette Sélincart, femme d'I. Silvestre, mourut, aux galeries du Louvre, le 1er septembre 1680, âgée de 36 ans. On lui érigea dans l'église de Saint-Germain-l'Auxerrois, où elle fut inhumée, un mausolée en marbre blanc qui fut placé contre le pilier de droite en entrant dans l'église. Au milieu d'une draperie blanche, relevée et soutenue à droite et à gauche, se trouvait un médaillon en marbre noir sur lequel Le Brun avait peint le portrait d'Henriette Sélincart, de grandeur naturelle, et représentée au moment de sa mort. Au-dessous du médaillon se trouvait l'épitaphe suivante * :

---

* Cette épitaphe fut composée par François Dorbay, architecte qui a construit l'ancien collége des Quatre Nations, aujourd'hui le palais de l'Institut. Dorbay fut aussi chargé, avec Levau, de la construction du magnifique escalier des ambassadeurs à Versailles. Ce chef-d'œuvre fut malheureusement détruit sous Louis XV, quand ce prince fit faire dans le château de nouvelles distributions.

HIC JACET
QUÆ JACERE NUMQUAM DEBUERAT, SI MORS
JUVENTUTI, PULCHRITUDINI, URBANITATI,
PIETATI CÆTERISQUE
DOTIBUS PARCERET
HENRICA SELINCART
AB OMNIBUS VIVENS AMATA, DEPLORATA
MORTUA. OBIIT PRIMA SEPT. **1680**
ÆTATIS SUÆ **36**.
NOBILIS (6) ISRAEL SILVESTRE
REGIS ET SERENISSIMI DELPHINI
DELINEATOR, TAM PRÆCLARÆ CONJUGIS
CONJUX INFELIX, HOC AMORIS, DOLORISQUE
SUI MONUMENTUM MOERENS POSUIT.

Ce fut comme ami de la famille que Le Brun voulut, en peignant ce médaillon, concourir à la décoration du monument. Cette peinture, qui est certainement le chef-d'œuvre du maître, est aujourd'hui en ma possession.

Le mausolée d'Henriette Sélincart est resté, pendant plus d'un siècle, dans l'église de Saint-Germain-l'Auxerrois. Il en fut enlevé par suite du décret de l'Assemblée constituante qui, en 1790, ordonna l'établissement d'un musée des monuments français sur l'emplacement de l'ancien couvent des Petits-Augustins. Ce musée, qui ne fut ouvert au public qu'en juillet 1793, ne cessa, jusqu'à l'époque de sa suppression, en décembre 1816, de s'enrichir d'objets d'une grande valeur artistique, enlevés presque tous, dans un but de conservation, aux églises et aux communautés (7).

Lorsque, en 1816, le musée des Petits-Augustins fut supprimé, la plupart des monuments qu'on y avait réunis furent rendus à leurs anciennes destinations ou en reçurent de nouvelles ; mais il s'en trouva un certain nombre qui, restant momentanément sans emploi, furent déposés dans l'ancienne église du couvent où ils demeurèrent, plusieurs années, exposés à de nombreux accidents. Cette église, en effet, servit longtemps de magasin et d'atelier aux ouvriers employés aux travaux que, par suite de deux décrets successifs, nécessitèrent, d'une part, la suppression du musée, et, d'autre part, la création, sur le même emplacement, de l'école royale des beaux-arts.

Ce fut là, et dans de telles conditions, que nous trouvâmes le médaillon d'Henriette Sélincart, entouré encore de sa draperie en marbre blanc. Nous adressâmes aussitôt, mon père et moi, une pétition au ministre à l'effet d'en obtenir l'abandon ; demande qui nous fut accordée.

Divers portraits ont été faits d'après Henriette Sélincart. Celui dont il a été parlé plus haut, et qui a été peint par Le Brun, la représente à l'âge de 30 ans environ. Nocret (8) en a fait un à huile vers la même époque. J'ai en ma possession une miniature sur ivoire qui la rappelle jeune, et qui a été peinte par un artiste du temps, probablement à l'époque et à l'occasion de son mariage.

A la mort de sa femme, I. Silvestre fonda à perpétuité, en l'église de Saint-Germain-l'Auxerrois, une messe pour le repos de son âme. Cette messe devait être célébrée, chaque année, le 1er septembre, jour anniversaire du décès.

Une autorisation d'imprimer, *à l'exclusion de tous autres*, les ouvrages de La Belle, fut accordée par le Roi à I. Silvestre, le 31 juillet 1664[*]. On a vu qu'il avait obtenu déjà, en 1659, un semblable privilége pour l'impression de ses propres ouvrages, et un autre, le 25 octobre 1661, pour les œuvres de Callot.

Israël Silvestre mourut aux galeries du Louvre le 11 octobre 1691, dans sa soixante et onzième année, et fut enterré à côté de sa femme dans l'église Saint-Germain-l'Auxerrois. L'acte du décès, extrait des registres de Saint-Germain-l'Auxerrois, porte :

« Du Vendredy 12 octobre 1691, Israël Silvestre,
« dessignateur ordinaire du Roi, maître à dessigner
« de monseigneur le Dauphin et des pages des grande
« et petite écuries de Sa Majesté, conseiller du Roy
« en son Académie royalle de peinture et de sculp-
« ture, fut inhumé aagé de soixante et dix ans ou
« environ, décédé hier a trois heures apres midy en
« son appartement aux galleries du Louure, en pre-
« sence d'Alexandre Siluestre, de Louis Siluestre fils
« dudit deffunct, de Nicolas Petit, sieur de Logny,
« auocat au Parlement, gendre dudit deffunct et
« d'autres qui ont signé. »

[*] Documents.

Mariette a donné dans son *abecedario* quelques détails sur I. Silvestre, qu'on peut considérer comme un raccourci de la vie de l'artiste ; je crois qu'il n'est pas sans intérêt de reproduire ici ce document. Voici comme s'exprime Mariette :

« Silvestre (Israël), né à Nancy, avoit à peine
« commencé à apprendre sous son père les premiers
« éléments de la peinture, qu'il le perdit durant une
« peste dont la ville de Nancy fut affligée. Son ex-
« trême jeunesse, jointe aux périls qui l'environ-
« noient, le contraignirent d'abandonner le pays et
« de se réfugier à Paris auprès d'Israël Henriet,
« son oncle maternel, qui le reçut avec joye et l'é-
« leva comme son propre enfant. Résolu de le pous-
« ser dans le dessein, il le fit d'abord dessiner à la
« plume d'après les desseins de Callot. Cette ma-
« nière de dessiner en petit à la plume était fort gou-
« tée à Paris depuis qu'Henriet, qui avoit appris de
« Callot, l'avoit fait connoistre à la cour, où il avoit
« pour disciples plusieurs seigneurs de distinction,
« et Silvestre la trouva tout-a-fait conforme à son
« génie. Ne voulant pas toutefois se soumettre à être
« servilement copiste, il ne résolut de se former
« sur la manière de Callot que pour en acquérir
« plus facilement une autre qui luy fut propre, et
« dès lors il s'attacha plus particulièrement à copier
« la nature et à la voir par ses propres yeux. Après
« s'être déterminé à dessiner des veües et en avoir
« fait plusieurs dans Paris et aux environs, crai-

tuité, en l'église de Saint-Germain-l'Auxerrois, une messe pour le repos de son âme. Cette messe devait être célébrée, chaque année, le 1er septembre, jour anniversaire du décès.

Une autorisation d'imprimer, *à l'exclusion de tous autres*, les ouvrages de La Belle, fut accordée par le Roi à I. Silvestre, le 31 juillet 1664*. On a vu qu'il avait obtenu déjà, en 1659, un semblable privilége pour l'impression de ses propres ouvrages, et un autre, le 25 octobre 1661, pour les œuvres de Callot.

Israël Silvestre mourut aux galeries du Louvre le 11 octobre 1691, dans sa soixante et onzième année, et fut enterré à côté de sa femme dans l'église Saint-Germain-l'Auxerrois. L'acte du décès, extrait des registres de Saint-Germain-l'Auxerrois, porte :

« Du Vendredy 12 octobre 1691, Israël Silvestre,
« dessignateur ordinaire du Roi, maître à dessigner
« de monseigneur le Dauphin et des pages des grande
« et petite écuries de Sa Majesté, conseiller du Roy
« en son Académie royalle de peinture et de sculp-
« ture, fut inhumé aagé de soixante et dix ans ou
« environ, décédé hier a trois heures apres midy en
« son appartement aux galleries du Louure, en pre-
« sence d'Alexandre Siluestre, de Louis Siluestre fils
« dudit deffunct, de Nicolas Petit, sieur de Logny,
« auocat au Parlement, gendre dudit deffunct et
« d'autres qui ont signé. »

* Documents.

Mariette a donné dans son *abecedario* quelques détails sur I. Silvestre, qu'on peut considérer comme un raccourci de la vie de l'artiste ; je crois qu'il n'est pas sans intérêt de reproduire ici ce document. Voici comme s'exprime Mariette :

« Silvestre (Israël), né à Nancy, avoit à peine
« commencé à apprendre sous son père les premiers
« éléments de la peinture, qu'il le perdit durant une
« peste dont la ville de Nancy fut affligée. Son ex-
« trême jeunesse, jointe aux périls qui l'environ-
« noient, le contraignirent d'abandonner le pays et
« de se réfugier à Paris auprès d'Israël Henriet,
« son oncle maternel, qui le reçut avec joye et l'é-
« leva comme son propre enfant. Résolu de le pous-
« ser dans le dessein, il le fit d'abord dessiner à la
« plume d'après les desseins de Callot. Cette ma-
« nière de dessiner en petit à la plume était fort gou-
« tée à Paris depuis qu'Henriet, qui avoit appris de
« Callot, l'avoit fait connoistre à la cour, où il avoit
« pour disciples plusieurs seigneurs de distinction,
« et Silvestre la trouva tout-a-fait conforme à son
« génie. Ne voulant pas toutefois se soumettre à être
« servilement copiste, il ne résolut de se former
« sur la manière de Callot que pour en acquérir
« plus facilement une autre qui luy fut propre, et
« dès lors il s'attacha plus particulièrement à copier
« la nature et à la voir par ses propres yeux. Après
« s'être déterminé à dessiner des veües et en avoir
« fait plusieurs dans Paris et aux environs, crai-

« gnant de n'y en pas trouver assez pour satisfaire
« son inclination, il entreprit plusieurs voyages,
« tant en France qu'en Italie, et il en rapporta de
« tous les endroits qu'il parcourut, de manière qu'on
« le peut suivre pour ainsi dire pas à pas, et se trou-
« ver avec lui dans tous les lieux qu'il a fréquentés,
« car il étoit si ardent à ne rien laisser échapper
« de remarquable, si soigneux, si prompt à exé-
« cuter que, lors même qu'il ne faisoit que pas-
« ser par un endroit et qu'il avoit à peine le temps
« de s'y reconnoistre, il sçavoit si bien ménager les
« moments qu'il n'en sortoit point sans en empor-
« ter quelque veüe. Par là, ses desseins devinrent
« proprement le journal de ses voyages, et un jour-
« nal d'autant plus intéressant et plus agréable qu'il
« fournit des idées des lieux plus distinctes que
« toutes les descriptions qu'on en trouve dans les
« livres, quelque exactes qu'elles soient. De retour
« à Paris, il grava avec beaucoup d'esprit et d'intel-
« ligence presque tous les desseins qu'il avait recueil-
« lis de ses voyages. Il continua sur le même pied à
« en dessiner et graver beaucoup d'autres de Paris et
« des environs jusqu'à ce que le roy de France, con-
« naissant sa capacité, le choisit pour dessiner
« et graver les veües de toutes les maisons royales,
« celles des places conquises par Sa Majesté, et plu-
« sieurs autres ouvrages qui sont présentement dans
« son cabinet. Ces ouvrages considérables luy méri-
« terent l'honneur de montrer à dessiner à Monsei-
« gneur le Dauphin, ce qui fut suivy de pensions

« considérables et d'un logement dans le Louvre. Il
« laissa à sa mort plusieurs enfants, qui presque
« tous embrassèrent le party des arts. »

Je finirai par tracer, en peu de mots, le portrait d'Israël Silvestre, me contentant de copier ce qu'en a dit M. Faucheux, qui l'a très-bien dépeint d'après des témoignages contemporains.

« La vie intime de Silvestre paraît avoir été assez austère. Florent-le-Comte dit que c'était un homme d'une vie fort réglée et qui soutenait sa réputation par mille beaux endroits. Son portrait, peint au pastel par Le Brun et gravé par Edelinck, montre un homme de figure sévère ; cependant il eut de nombreux amis et des plus célèbres de l'époque. Il fut très-lié d'amitié avec le peintre C. Le Brun, qui était à peu près du même âge que lui. On retrouve, en effet, Le Brun comme témoin dans tous les actes importants de la vie de Silvestre. La femme de Le Brun, Suzanne Butay, fut marraine de la fille aînée d'Israël Silvestre. Ces deux artistes de talents si différents étaient tous les deux d'une grande activité et travaillaient avec une célérité que peu d'artistes ont pu atteindre. Dans la vie intime, la distinction d'I. Silvestre ne paraît pas avoir été inférieure à celle de Le Brun, dont on a dit que la noblesse et la grandeur de ses ouvrages avaient passé dans ses manières.»

Israël Silvestre laissa après lui cinq enfants, qu'il me reste à faire connaître, autant que me le permettront les traditions de famille et les pièces authentiques que j'ai entre les mains.

J'ignore si les enfants d'Is. Silvestre ont demeuré avec leur père jusqu'au moment de sa mort; leur âge peu avancé le ferait pourtant présumer. Ce qu'il y a de certain, c'est que lors du partage de la succession du père, au 1er mai 1694, les enfants vivaient tous séparés. (Voir, plus haut, l'acte de partage, page 17.)

I. Silvestre, d'après ce qui a été dit précédemment, possédait, au moment de sa mort, avec ses propres cuivres, la presque totalité de ceux de Callot et de La Belle. J'ai pensé qu'il ne serait pas sans intérêt de transcrire ici la liste de toutes ces planches que, seul, il avait le privilége d'imprimer et de vendre. Je joindrai à cette liste les prix d'estimation marqués dans l'inventaire; on jugera, par là, de la valeur artistique qu'on attachait alors aux œuvres de ces différents maîtres.

Extrait de l'inventaire dressé le 10 décembre 1694, page 202.

Ensuivent les planches, premièrement celles de Callot [*] :

		Prisés.	
Item.	La Grande chasse	8 L.	
—	La Catafalque	0	40 s.
—	La vue de Nancy	6	
—	Le parterre de Nancy	6	
—	Le sainct Anselme dans un bois	6	
—	La Descente dans l'isle de Ré		40
—	Deux veües de Paris	10	
—	Un sainct Sébastien	10	
—	Un Joüeur de boulle	3	
—	Onze planches (des médailles)	22	
—	Les Tentations de sainct Antoine	100	
—	Le Combat de Veillane	12	
—	Le Triomphe de la Vierge	12	
—	Six planches de Bréda	100	
—	La Thèse	15	
—	La Foire de Nancy	30	
—	Le Soupé de la Vierge	3	
—	Le Passage de la mer Rouge		100
—	Le supplice		100
—	Les Martyrs du Japon		20

[*] Plusieurs désignations des planches de Callot ont été écrites d'une manière illisible dans l'inventaire manuscrit d'Israël Silvestre. M. Meaume, qui, comme on sait, a publié un catalogue aussi complet qu'estimé de l'œuvre de Callot, a bien voulu m'aider à rétablir les plus inintelligibles de ces indications.

		Prisés.	
Item. Les Bataillons.		3 L.	
— La Petite veüe de Paris.			100 s.
— La Petite foire.			100
— Le Petit sainct Pierre.			20
— Le Petit martyr sainct Laurent.			20
— Le Petit sainct François.			40
— Le Petit prêtre.			20
— Les sept péchés mortels.		3	10
— Les Pénitens.		15	
— Cinq planches de la petite Passion en ovale.		10	
— Les emblesmes du Cloistre en vingt-sept planches.		10	
— Les vingt-quatre petits Pantalons.		20	
— L'Enfant prodigue, contenant onze planches.		30	
— Les emblesmes de la Vierge en vingt-sept planches.		10	
— Les Bossus en vingt planches.		20	
— La vie de la Vierge de Ramberviller en neuf planches.		12	
— Les Caprices en cinquante planches.		30	
— Onze planches du Nouveau Testament.		40	
— Quatre planches de peisages.		4	
— Deux planches des Innocens.		6	
— Six planches de Fileuses.		5	
— Sept planches des petites misères de la guerre.		20	
— Douze planches de la petite Passion.		12	
— Dix-sept planches de Varie figurées (*sic*).		50	
— Quatre planches des petits soupés.			20
— Douze planches de peisages d'après Callot.		48	

	Prisés.	
Item. Quatorze planches de la Vie de la Vierge..............	35 L.	
— Seize planches du Martire des Apostres...............	35	
— Treize planches des Festes mobiles..	6	10 s.
— Douze planches de la noblesse....	6	
— Seize planches des grands Apostres..	24	
— Vingt-cinq planches des Gueux...	25	
— Dix-huict planches des grandes misères de la guerre.........	70	
— Sept planches de la grande Passion..	14	
— Quatre planches des Egiptiens....	8	
— Cent vingt-une planches des Saints de l'année.............	80	
— Dix planches du carouzel de Nancy..	10	
— Trois planches des grands pantalons................	3	
— Vingt-neuf planches de l'art militaire et des fantaisies. Ensemble....	35	
— Deux petits pantalons.........		40
— Le portrait de Callot.........		20
— Le tombeau de Callot.........		40

Ensuivent les planches de La Belle.

	Prisés.
Item. Quarante planches de portraictures..	15 L.
— Douze planches de têtes à la persienne................	12
— Seize planches des agréables diversitez.................	12
— Quatorze planches de fantaisies...	7
— Dix-huict planches des exercices de chevaux..............	9

ISRAEL SILVESTRE.

Prisés.

Item. Trente-six planches des grifonnemens............... 10 L.
— Huict planches des grands embarquemens................ 8
— Quatre planches des quatre saisons.. 4
— Treize planches des petits caprices..   100 s.
— Douze planches des montans et frises. 6
— Douze planches des petits convoys d'Arras................ 6
— Sept planches de peisages maritimes. 7
— Huict planches des peisages du Page. 8
— Douze planches des petites frises... 3
— Huict planches des veües d'Hollande. 8
— Les quatre peisages. Ensemble.... 4
— Six planches des grands convoys d'Arras............... 18
— Douze planches des grands peisages. 12
— Cinq planches des morts....... 15
— Six planches des veües de Livourne.. 48
— Six planches des veües de Rome et du Vaze............... 30
— Deux planches du voyage de Jacob et du château Sainct-Ange...... 6
— Le Piombino............. 4
— Le Porto-Logone........... 6
— Quatre planches des peisages en hauteur.................. 12

Ensuivent les planches dudit feu sieur Silvestre.

Prisés.

Item. Quatre planches de la grande veüe de Rome................ 40 L.
— Le Campo vacino........... 20
— Sainct Pierre de Rome........ 20

	Prisés.
Item. Trois planches des grandes veuës de Vaux.	40 L.
— Huict planches des moyennes veües de Vaux.	80
— Trois planches des veües de Sainct-Cloud.	40
— Six planches des veües de Meudon.	60
— Sainct-Oüen.	15
— Fontainebleau.	12
— Gaillon.	10
— Brunoy.	15
— Mont-Louis.	15
— Conflans.	15
— Deux planches des veües Seaux.	30
— Le Val-de-Grâce.	10
— La veüe de Paris.	25
— Sept planches de villes d'Espagne.	21
— Six planches de villes de France.	24
— Deux planches de Séville et Madrid.	8
— Deux planches de Montmorency.	10
— La Momie d'Égipte.	40 s.
— Deux cent quarante-huict planches des grandes veües de Rome, Italie et France.	372
— Quarante-cinq planches des petites veües de Rome et de France.	22
— Trente planches des Églises de Paris.	15
— Deux cent quarante-trois planches des petites veües.	50
— Cent soixante-dix-sept planches de leçons en sept paquets.	60
— Sept planches des figures d'Israël.	3
— Six planches non finies.	6
— Quatorze planches de rebut.	40 s.

Les papiers blancs à impression qui furent vendus chez I. Silvestre portent, sur l'inventaire, les dénominations suivantes :

Papier Ducornet.
Papier de l'Écu.
Papier du grand nom de Jésus.
Papier grand Aigle.
Papier du grand Coulombier.

HENRIETTE-SUZANNE SILVESTRE.

La seule fille d'Israël Silvestre, qui lui ait survécu, fut Henriette-Suzanne, dont j'ai parlé plus haut, et qui naquit, le 2 juillet 1664, dans la maison que son père occupait alors rue de l'Arbre-Sec. Son extrait de baptême, dressé à Saint-Germain-l'Auxerrois, porte :

« Du jeudi troisiesme jour de Juillet fut baptizée
« Henriette Suzanne fille de Israël Siluestre dési-
« gnateur ord^{re} du Roy et de Henriette Sélincart sa
« femme, rue de l'Arbre-Sec. Le parein Mre Gédéon
« de Birbis, s^r Dumetz, con^{er} du Roy en ses con-
« seils, Intendant des meubles de la couronne.
« La mareine Dam^{lle} Suzanne Butay femme de
« M. Charles Le Brun Escuyer*.

« Colombat. »

---

* Il y a, dans la rédaction de cet acte, signé Colombat et tel qu'on le trouve dans les actes de l'état civil, une erreur de nom, que M. Jal a eu la complaisance de me signaler et que je rectifie d'après son indication. On a écrit *Gédéon de Birbis Sr Dumetz* au lieu de Gédéon Barbier Sr Dumetz, personnage qui était, en effet, à cette époque, intendant des meubles de la couronne et conseiller du roi en ses conseils.

A la mort de son père, en 1691, Henriette-Suzanne était âgée de 27 ans, et mariée à Nicolas Petit, sieur de Logny, avocat au Parlement. Elle n'a pas cultivé les arts. J'ignore l'époque de sa mort. Son mari fut l'exécuteur testamentaire d'Israël Silvestre.

CHARLES-FRANÇOIS SILVESTRE.

Charles-François, l'ainé des fils d'I. Silvestre, est né le 10 avril 1667, rue du Mail, dans une maison que son père avait achetée un an auparavant.

Dès qu'il eut atteint l'âge de 21 ans, son père le jugea assez avancé pour lui faire obtenir, en 1688, la charge de maître à dessiner des gardes de la marine à Brest, charge dont il se démit en septembre 1691 *.

Deux mois après la mort d'I. Silvestre, en 1691, Charles-François obtint le brevet d'un logement aux galeries du Louvre, étant alors âgé de 25 ans. Voici le texte de ce brevet dont l'original fait partie de ma collection : « Aujourd'huy seize décembre mil six

---

* J'ignorais que C. F. Silvestre eût été envoyé, dans sa jeunesse, à Brest, comme maître à dessiner des gardes de la marine. Je dois encore la connaissance de ce fait à M. Jal, ancien historiographe et archiviste de la marine, et auteur de plusieurs ouvrages importants sur la navigation ancienne et moderne.

« cens quatre vingt onze, le Roy estant à Versailles
« ayant gratifié *Jean Berrain* du logement sous la
« grande galerie du Louvre qu'occupait feu *Israël*
« *Siluestre*, et celui que le d. *Berrain* auoit ci-devant
« obtenu de Sa Majesté se trouuant vaquant par ce
« moyen, elle a bien voulu en gratifier *François*
« *Siluestre* aisné du d. feu *Siluestre* dessignateur en
« considération de sa capacité et expérience dans
« son art, et à cet effet Sa Majesté luy a accordé et
« fait don du d. logement occupé par le d. *Berrain*,
« voulant qu'il en jouisse aux mesmes honneurs,
« priuiléges et exceptions dont jouissent les autres
« artisans qui sont logés sous la dite galerie tant
« qu'il plaira à Sa Majesté, laquelle mande au sieur
« marquis de *Villacerf*, surintendant et ordonnateur
« general de ses bastimens de mettre le d. *Siluestre*
« en possession et jouissance du d. logement et a l'en
« faire joüir conformément au présent breuet que
« Sa Majesté a signé de sa main et fait contresigner
« par moy con^{er} et secretaire d'estat et de ses com-
« mandements et finances. Signé *Louis* et plus bas
« *Philipeaux*. Et a costé est escrit. — Vu par nous
« con^{er} du Roy en ses con^{ls} surintendant et ordon-
« nateur gnal des bastimens, jardins, arts et manu-
« factures de Sa Majesté le present breuet pour joüir
« de l'effet d'iceluy par le d. *Siluestre* suivant l'in-
« tention de sa d. M^{té}, fait à Versailles le 24 dé-
« cembre 1691. *Signé* Colbert de Villacerf. »

Charles-François épousa, le 9 juin 1693, à l'âge de 26 ans, Suzanne Thuret, fille d'Isaac Thuret, *orlogeur du Roy et de l'Académie des sciences*, qui habitait aussi les galeries du Louvre. Dans son contrat de mariage, C. François est désigné comme étant alors maître à dessiner de Mᵍʳ le duc de Bourgogne et des pages des grande et petite écuries.

A la mort d'Israël Silvestre, la charge de maître à dessiner de Monseigneur (le grand Dauphin) était purement honorifique, puisque le Dauphin était marié et déjà père de trois princes*; toutefois elle ne fut pas supprimée. Le Dauphin accorda, plus tard, la jouissance de cette charge à son filleul, Louis, second fils d'Is. Silvestre. L'aîné, Ch. François, était, à cette époque, maître à dessiner des pages, et il devint, bientôt après, maître à dessiner des Enfants de France.

Dès le 27 juillet 1681, Israël Silvestre, un an après la mort de sa femme, avait obtenu de se démettre, en faveur de son fils, de sa charge de maître à dessiner des pages de la grande écurie; c'est en 1693 qu'il est désigné comme maître à dessiner de monseigneur le duc de Bourgogne et des pages; et enfin c'est en 1694 que nous le voyons maître à dessiner des trois jeunes ducs de Bourgogne, d'Anjou et de Berry, autrement dit des Enfants de France. Il a donc reçu les brevets de ces charges à des époques différentes, quoique assez rapprochées. On trouvera ces divers brevets dans les pièces justificatives.

---

* Le duc de Bourgogne, né en 1682, mort en 1712.
Le duc d'Anjou, né en 1683, mort en 1746.
Le duc de Berry, né en 1686, mort en 1714.

C. François Silvestre eut de Suzanne Thuret une fille, Suzanne, née en 1694, qui, plus tard, épousa J. B. Le Moyne, sculpteur du roi, et un fils, Nicolas-Charles, qui lui succéda, par la suite, dans tous ses emplois. Ces deux enfants, dont il sera parlé, plus loin, d'une manière spéciale, furent les seuls qui survécurent à leur père. Ch. François eut encore quatre enfants, qui naquirent à Versailles et qui moururent en bas âge[*].

En 1717, à la date du 10 février, C. François fut nommé, par le Roi Louis XV, encore mineur, à la charge de lui montrer à dessiner, avec survivance en faveur de son fils Nicolas-Charles. Le jeune Roi avait alors 7 ans; aussi le brevet qui confère à Charles-François la charge de maître à dessiner de Sa Majesté et qui est signé *Louis* (d'une très-belle écriture) et, plus bas, *Phélipeaux*, contient-il cette phrase : « Sa Majesté, de l'auis de Monsieur le « duc d'Orléans, son Oncle Régent, a retenu et re- « tient lesd. Silvestre pere et fils pour lui montrer « a dessiner. » (Voir aux Documents.)

Il y a donc lieu de penser que la charge aura été donnée par le Régent, qui aura simplement soumis le brevet à la signature du Roi enfant.

Bien que C. François Silvestre eût la jouissance

---

[*] Denise Henriette Suzanne, née le 24 janvier 1696.
Augustin-François, né le 22 janvier 1697.
Jacques-Henri, né le 27 octobre 1700.
Un enfant (*sic*), ondoyé le 6 janvier 1704.

(*Actes de l'état civil de Versailles.*)

d'une habitation aux galeries du Louvre, il passa la plus grande partie de sa vie à Versailles, dans un logement qui lui avait été donné aux petites écuries du Roi.

C'est là qu'il mourut, le 8 février 1738, à l'âge de 70 ans.

Il est à croire que ce logement aux petites écuries lui fut accordé à l'époque où il fut nommé maître à dessiner des princes et des pages, c'est-à-dire vers 1695. La cour n'habitait plus Paris depuis quelques années (9), et Charles-François a dû demander et obtenir un logement à Versailles qui le rapprochât des princes et des pages, ses élèves, auxquels il consacrait la plus grande partie de son temps. Au reste, son fils est né à Versailles, en 1699; C. François aurait donc habité Versailles pendant plus de quarante ans. Quant au logement qu'il possédait comme titulaire aux galeries du Louvre, il fut occupé plus tard par son fils, qui s'y maria, en 1717, à l'âge de 18 ans, et à qui il fut concédé par brevet, le 11 mars 1738, un mois après la mort de son père.

Il existe un portrait de C. François Silvestre par Jean Hérault, dont Desplaces a fait une belle gravure. La planche est entre mes mains; elle porte 0^m,325 à 0^m,246. Quant au portrait peint par Hérault, je ne l'ai jamais vu.

Charles-François a été peintre, dessinateur et graveur; mais il s'est beaucoup plus adonné au dessin et à la gravure qu'à la peinture, qu'il a pourtant traitée avec talent. Élève de son père, de C. Le Brun et de Parrocel, il a su profiter des leçons de pareils maîtres. Il a laissé un grand nombre de pièces dessinées et gravées, qui, pour la plupart, ont servi de modèles aux princes et aux pages, ses élèves. Bien que, sous le rapport de l'exécution, il soit resté inférieur à son père, il n'en a pas moins acquis, de son temps, une réputation méritée. A un grand amour de l'art il joignait une connaissance approfondie des maîtres anciens; aussi il a laissé après lui une riche collection de tableaux et une grande quantité de dessins et de gravures de maîtres de toutes les écoles.

Les princes firent, sous sa direction, de remarquables progrès et finirent par dessiner avec autant de goût et de facilité que des artistes de profession. La famille conserve une curieuse et précieuse collection de dessins qu'ils ont faits pendant le cours de leur éducation artistique. J'ai notamment en ma possession deux paysages terminés, dessinés à la plume, qui ont été faits par les ducs de Bourgogne et d'Anjou pour leur maître C. François Silvestre. Ces deux dessins, remarquables par leur exécution et qui rappellent la manière d'I. Silvestre, portent les dédicaces suivantes, écrites de la main même des jeunes princes :

Dux Burgundiæ fecit pour Siluestre, anno 1698.

Andegauensis fecit pour Siluestre
Die primâ mensis martii, anno 1700.

Les deux princes ont donc fait ces dessins, l'un à 16 ans, l'autre à 17 ans. Ce fut, en ce qui concerne le duc d'Anjou, l'année même qu'il fut appelé au trône d'Espagne. C'était un souvenir bien précieux que C. François Silvestre recevait de son royal élève avant de s'en séparer.

Comme peintre, il a laissé peu de choses; on pourrait citer plusieurs sujets de sa composition, comme, par exemple, la Résurrection de Notre-Seigneur et la prière au jardin des Oliviers, qui ont été gravés par Château. L'inventaire fait après la mort de son fils Nicolas-Charles mentionne encore quelques autres tableaux peints à l'huile par C. François Silvestre. Quant aux pièces gravées par lui, elles sont assez nombreuses, mais il serait difficile et peut-être peu intéressant, pour l'histoire de l'art, d'en dresser un catalogue complet. Je me contenterai de citer celles qui sont les plus connues et qu'on rencontre le plus communément dans les collections.

Le Prométhée, qu'il a peint et gravé en 1703.

Cette pièce se trouve sous trois états : 1° avant toute lettre; 2° avec l'explication du sujet en latin (vers de Catulle); 3° le précédent état avec l'adresse de F. Silvestre.

Abraham et Isaac, dessiné et gravé par lui.

Une suite de vingt-neuf pièces, compris le titre, représentant des costumes turcs, qu'il a dessinée et gravée[*]. Le titre, composé dans le goût orien-

---

[*] Voici la désignation de chacune des pièces de cette suite :

1. Le titre avec la dédicace.

tal, porte une dédicace au duc de Bourgogne, sans date.

Deux pièces de plus grandes dimensions, qui représentent aussi des personnages turcs, homme et femme. Elles portent $0^m,292$ sur $0^m,192$. Les pièces de la suite précédente n'ont que $0^m,19$ sur $0^m,10$.

La Médée, dédiée à Claude Le Bas de Montargis, avec cette indication : F. Silvestre inv. et exc., S. Desplaces sculp.

Plusieurs suites de *Pastorales* et de Paysages.

La Descente de Croix, qu'on a intercalée dans la suite de la grande Passion de Callot.

Il a composé et gravé des titres, ornés de paysages et de figures, pour diverses suites dessinées par son frère Louis Silvestre l'aîné.

Et plusieurs autres pièces.

C. François Silvestre a surtout beaucoup dessiné. Il a laissé dans ce genre un grand nombre de compositions qui, pour la plupart, sont entre mes mains.

2. Le sultan, ou grand seigneur.
3. Vizir Azem, ou grand vizir.
4. Dame du sérail.
5. Dame turque.
6. Gentilhomme turc.
7. Jeune gentilhomme turc.
8. Damoiselle turque.
9. Chiaou bachi ou capitaine des gardes.
10. Kuslir aga ou chef des eunuques noirs.
11. Esclave du sérail.
12. Selictar aga, ou celui qui porte l'épée ou les armes du G. S.
13. Tulbentar aga, ou celui qui porte le turban du G. S.
14. Muet du sérail.
15. Prédicateur arabe.

Les divers ouvrages qu'il a gravés et publiés ont été exécutés soit au Louvre dans le temps qu'il l'habitait, soit à Versailles, où il a passé la plus grande partie de sa vie. Il est à remarquer pourtant que presque toutes ses pièces gravées portent cette indication : *se trouve chez François Silvestre aux galeries du Louvre,* et que pas une ne mentionne Versailles comme étant le lieu de sa résidence. Cela tient à ce que le débit de ses œuvres se faisait toujours aux galeries du Louvre, soit par lui d'abord, quand il y était à demeure, soit, plus tard, par son fils qui occupait son logement et qui produisait et y vendait ses propres ouvrages, d'où vient qu'il inscrivait sur ses planches, non pas *fait* par F. Silvestre aux galeries du Louvre, mais bien *se trouve* ou *se vend* chez F. Silvestre aux galeries du Louvre.

L'inventaire des biens mobiliers et des papiers de C. F. Silvestre se fit à Versailles le 15 février 1738 ; des cuivres gravés furent seulement transportés et

16. Janissaire ou soldat des gardes du G. S.
17. Eunuque noir.
18. Un solak ou pajok, ou valet de pied du G. S.
19. Un dogangi ou fauconnier du G. S.
20. Soldat cuirassier turc.
21. Tambour turc.
22. Aza moglan, fendeur de bois.
23. Kiler kiabajasi ou celui qui sert le sorbet au G. S.
24. Crieur de bouteilles turc.
25. Un atagi ou cuisinier du sérail.
26. Capiji ou portier.
27. Bostangi bachi.
28. Vendeur de balets (*sic*) turc.
29. Crieur de potages turc.

estimés à Paris, aux galeries du Louvre, *attendu*, dit l'inventaire, *qu'il ne s'est point trouvé personne de l'art en la ville de Versailles pour faire la ditte estimation*. Il n'est pas question, dans cet inventaire, de la riche collection de tableaux, de dessins et d'estampes que possédait C. F. Silvestre. La raison en est que ces objets se trouvaient alors dans son logement des galeries du Louvre, occupé depuis longtemps par son fils. Je n'ai pas connaissance de l'inventaire qui a pu en être fait après sa mort. Peut-être son fils, qui le remplaçait depuis plusieurs années dans toutes ses charges, les aurait-il conservés, en grande partie du moins, dans sa part de la succession.

Le maître à dessiner des Enfants de France jouissait, comme faisant partie de la maison du Roi, de certains avantages qui le mettaient en état de remplir honorablement les devoirs de sa charge. Il avait un logement aux galeries du Louvre et un autre aux petites écuries du Roi, à Versailles [*], touchait les honoraires attachés à sa charge et percevait les indemnités dites de grandes livrées. Un article de l'inventaire, relatif aux détails de la succession, est ainsi conçu : « Déclare le dit sieur Silvestre (fils de C.
« François) qu'il peut estre deu à la succession du
« dit sieur son père douze cents liures pour les
« grandes livrées de sa charge de maître à dessiner
« des Princes, et quinze cents liures pour les gages

---

[*] Logements non meublés.

« et récompenses de la mesme charge, le tout pour
« l'année dernière mil sept cent trente sept, sur les-
« quels il y a à déduire le dixième droits de quit-
« tance et autres au moyen de quoy le tout pour ce
« se trouve réduit à la somme de deux mil trois cent
« quatre vingt liures (10). »

Avant de parler en particulier des deux enfants qu'a laissés C. François, je dirai quelques mots des autres fils d'Israël Silvestre, dont deux, qui portent le même nom, ont été, ainsi que je l'ai dit plus haut, considérés par les biographes comme ne faisant qu'un seul et même personnage.

LOUIS SILVESTRE L'AINÉ.

Louis, le second des fils d'Israël, naquit à Paris, aux galeries du Louvre, le 20 mars 1669. Par suite du bienveillant intérêt que la famille royale portait à son père, Louis Silvestre eut l'honneur d'être tenu sur les fonts baptismaux par le grand Dauphin, fils de Louis XIV, dont I. Silvestre était le maître à dessiner. Voici l'acte de baptême tel qu'il est extrait des registres de Saint-Germain-l'Auxerrois : « Du « mardy vingt sixième mars 1669. Fut baptizé dans « la chapelle du Louvre Louis, fils de Israël Sil- « vestre, deesinateur et graveur ordinaire du Roy et « de Henriette Sélincart sa femme, le parein Louis, « Dauphin de France, la mareine dame Marie-Julie « de Sainte-Maure, espouse de messire Emmanuel, « comte de Crussoles. Laquelle cérémonie a été « faite par monseigneur l'illustrissime et révérendis- « sime archevesque de Nazianze, coadjuteur de « Rheims, et en présence de moy, prestre curé de

« cette paroisse, revestu de mon surpely et estole.
« L'enfant est né le mercredy vingtiesme iour du
« présent mois de mars mil six cent soixante neuf. »

Destiné d'abord à l'état militaire, Louis Silvestre entra fort jeune dans les mousquetaires du Roi. Il n'y resta que peu de temps. En effet, à la mort de son père, il n'est désigné, dans l'inventaire de la succession, par aucune qualité; il avait alors 22 ans. Dans l'acte de mariage de son frère aîné, C. François, en 1693, il est indiqué comme étant mousquetaire du Roi; et, lors du partage des biens d'Israël Silvestre, en 1694, on le désigne dans l'acte comme étant ci-devant mousquetaire; il n'avait alors que 25 ans. Il ne servit donc pas deux ans dans la maison militaire du Roi*.

Il rentra dans la vie privée, cédant sans doute à ce goût pour les arts, qui était inné dans sa famille, et ne s'adonna plus, dès lors, qu'à la peinture, au dessin et à la gravure. Animé par l'exemple de ses frères et doué d'une grande facilité, il ne tarda pas à faire de rapides progrès, surtout comme dessinateur.

Peintre, il a fait peu de chose qui soit resté; il a pourtant gravé, d'après ses propres tableaux, quel-

---

* Il ne resta pourtant pas inactif pendant ce court espace de temps. Kœnig, dans la biographie qu'il a faite, en 1741, sur quelques membres de la famille Silvestre, cite Louis, le second fils d'Is. Silvestre, comme s'étant distingué en plusieurs rencontres dans les campagnes du Brabant. (J. Kœnig était conseiller de la cour et inspecteur de la bibliothèque du roi de Saxe.)

ques pièces sur lesquelles on lit : *L. Silvestre, pinx. et sculp.* C'est ainsi qu'il a peint et gravé lui-même la vue de Meudon, dont la planche a été dédiée, en 1700, à son parrain le duc de Bourgogne ; il était alors âgé de 31 ans.

C'est, sans doute, à cette époque qu'il reçut le titre honorifique de Maître à dessiner du Dauphin, sous lequel il est désigné dans l'acte de naissance de sa fille, daté de 1705 [*].

Il fut reçu à l'Académie de peinture et de sculpture le 30 octobre 1706.

C'est surtout comme dessinateur qu'il s'est fait connaître. Il a laissé un grand nombre de compositions qui sont, en partie, entre mes mains. Ce sont des paysages, dont quelques-uns ont été gravés par lui-même, et les autres par divers artistes, parmi lesquels je citerai son frère Alexandre Silvestre, Devin, Quineau et Moyse-Jean-Baptiste Fouard.

Sa manière de dessiner paraît au premier abord un peu lourde, ce qui tient à ce qu'il se servait de crayons tendres pour produire de plus grands effets; mais sa touche est habile, et ses fonds de paysages sont traités avec une légèreté qui dénote une main sûre et exercée. Les gravures que l'on a faites d'après lui donnent généralement une idée imparfaite de sa manière d'opérer et de son talent.

Louis Silvestre se maria, vers le commencement de l'année 1704, avec Marguerite Charnillac : il en eut

---

[*] Documents.

une fille, Élisabeth-Marguerite, qui naquit à Versailles le 27 février 1705, et qui épousa, le 20 janvier 1728, Jean-Louis Barère, peintre, qui fut de l'Académie de Saint-Luc*.

Louis Silvestre mourut à Paris le 18 avril 1740**; il habitait alors la maison de la rue du Mail, qui avait été achetée par son père et qui était restée propriété de la famille. Il était, au moment de sa mort, peintre ordinaire du Roi; je ne saurais dire à quelle époque ce titre lui avait été conféré.

J'indiquerai, ici, plusieurs suites dessinées par L. Silvestre l'aîné, gravées par divers artistes et éditées par F. Silvestre, qui en a composé et dessiné les frontispices.

« 1° Divers paysages dediez à M. Moreau, premier
« valet de chambre de Monseigneur le duc de Bour-
« gogne par F. Silvestre, son très-humble et très-
« obéissant serviteur. »

Suite de six pièces avec un joli frontispice dessiné par F. Silvestre et gravé par B. Picard. Chacune des pièces, qui a 0^m,20-0^m,44, porte l'indication *L. Silvestre inv. A. Silvestre sculp.*

« 2° Divers paysages dediez à messire Paul Talle-
« mant de l'Académie française, prieur d'Ambierle
« et de Saint-Albin. Par son très-humble et très-
« obéissant serviteur F. Silvestre. »

---

* Documents.
** Voir aux Documents.

Suite de six pièces portant 0^m,480-0,225. Le frontispice est composé et dessiné par F. Silvestre et gravé par Tardieu. Sur cinq pièces se trouve l'indication *L. Silvestre inv. A. Silvestre sculp.;* la sixième a été gravée par F. Devin.

« 3° Divers paysages dédiez à messire Jean-Paul
« Bignon, conseiller d'Etat ordinaire, abbé de Saint-
« Quentin, par son très-humble et très-obéissant
« serviteur F. Silvestre. »

Suite de six pièces, compris le frontispice, qui a été composé et dessiné par F. Silvestre et gravé par G. Quineau. Chaque pièce a 0^m,37 sur 0^m,21, et porte l'indication *L. Silvestre inv.* Trois d'entre elles ont été gravées par Quineau, deux par Devin et une par A. Silvestre.

« 4° Divers paysages mis au jour par F. Silvestre. »

Suite de six pièces, compris le frontispice, qui a été dessiné par F. Silvestre et gravé par Tardieu. Chaque pièce porte 0^m,180 sur 0^m,128. Devin en a gravé deux, Moyse une et L. Silvestre deux.

« 5° Vüe et perspective du chateau de Meudon,
« dédié et présenté à Monseigneur, par L. Silvestre,
« son filleul. Peint et gravé par L. Silvestre son fil-
« leul, en 1700. »

« 6° Suite de douze pièces de forme ronde, y com-
« pris le frontispice qui a été composé, dessiné et
« gravé par F. Silvestre. » Le rond a 0^m,28 de diamètre.

Sur le frontispice se trouve la dédicace suivante : Divers paysages, dédiez à Monseigneur le marquis de Beringhen, par son très-humble et très-obéissant serviteur François Silvestre.

Chaque pièce porte l'indication de *L. Silvestre inv.* Quineau a gravé deux de ces pièces ; trois l'ont été par A. Silvestre, quatre par Devin, une par Moyse et une par L. Silvestre.

Il existe au Musée impérial un premier état de ce frontispice, avant l'impression de la dédicace, mais avec l'indication, au bas de la planche : *F. Silvestre in. et ex. C. P. R.*

« 7° Divers paysages, mis au jour par F. Silvestre. »

Suite de trois grandes pièces de forme ovale, avec un frontispice composé et dessiné par F. Silvestre, et au bas duquel se trouve, à gauche, *Chateau sculp.* et à droite, *F. Silvestre inv. et excudit.*

Cette suite a été dessinée par L. Silvestre et gravée par F. Devin.

L'ovale porte 0^m,39-0^m,29.

« 8° Divers paysages, dédiez à Monseigneur Louis « de Rochechouard, duc de Mortemart, pair de « France, prince de Tonnay-Charante, etc., par son « très-humble et très-obéissant serviteur F. Silvestre. »

Suite de six pièces, avec un frontispice au bas duquel on lit, à gauche, *F. Silvestre inv. et exc.* et à droite, *Chateau sculpsit.*

Ces six pièces, dessinées par L. Silvestre, ont été gravées par Devin ($0^m,33$-$0^m,20$).

9° « **Divers paysages mis au jour par F. Silvestre.** »

Suite de six pièces, compris le frontispice qui est dessiné par F. Silvestre et gravé par Moyse. Les autres sont dessinées par L. Silvestre et gravées par Moyse, à l'exception d'une seule que F. Silvestre a dessinée et gravée.

$0^m,180$-$0^m,122$ [*].

---

[*] Les pièces dessinées ou gravées par L. Silvestre, et, généralement, toutes celles qui sont mentionnées dans cette notice, seront décrites ultérieurement dans un travail que je me propose de publier.

ALEXANDRE SILVESTRE.

Ce troisième fils d'Israël Silvestre naquit à Paris, aux galeries du Louvre, le 26 décembre 1672. Son frère aîné Louis avait été destiné à la carrière militaire ; il fut, lui, destiné à l'état ecclésiastique. Le goût que, dès son enfance, il montra pour les lettres engagea son père à lui faire suivre cette voie. Alexandre la parcourut avec distinction jusque vers l'âge de 30 ans. On a de lui une traduction en vers latins de l'*Imitation de Jésus-Christ*, qui fut publiée en 1699 à Paris, chez Thiboust, et sur le titre de laquelle se trouve : *Auctore Alex. Silvestre, clerico, Israëlis filio* (11). Mais, soit qu'il eût, plus tard, renoncé à entrer dans les ordres, soit que, sans perdre sa qualité, il se sentît un certain entraînement vers la culture des arts, toujours est-il qu'il s'adonna avec zèle au dessin et à la gravure, et qu'il finit par n'être inférieur en rien à ses deux frères aînés.

La plupart des paysages dessinés par son frère Louis ont été, comme nous l'avons vu plus haut, gravés par lui, et on peut dire qu'il a imité mieux qu'aucun autre, à la pointe, la touche au crayon de son modèle. Je possède presque toutes ces pièces.

On ne sait rien de la vie privée d'Alexandre Silvestre, ni de l'époque de sa mort.

LOUIS DE SILVESTRE LE JEUNE.

Louis de Silvestre, le quatrième fils d'I. Silvestre, dont le prénom l'a fait confondre, ainsi que je l'ai dit plus haut, avec son frère aîné, filleul du grand Dauphin, naquit à Paris, le 23 juin 1675, aux galeries du Louvre que sa famille habitait déjà depuis plusieurs années.

Il reçut dans la maison paternelle les premiers principes du dessin et de la peinture. Il travailla ensuite sous Le Brun *, ami de son père, qui lui prodigua ses soins tant qu'il vécut, et, après la mort de ce dernier, il entra à l'école de Bon-Boulongne **.

L'amour que Louis eut pour son art, et les progrès qu'il fit à ces diverses écoles, le déterminèrent

* Le Brun, né en 1618, mort en 1690.
** Bon-Boulongne, né en 1649, mort en 1717.

à aller passer quelques années en Italie. Après avoir remporté un prix à l'Académie de peinture de Paris, il partit pour Rome avec son frère aîné, C. François Silvestre, en 1693, à l'âge de dix-huit ans. Au bout d'une année il reçut le premier prix de l'Académie de Saint-Luc.

Pendant six ans qu'il demeura à Rome, il acquit, par l'étude qu'il fit des grands maîtres, une habileté, une manière correcte et un goût pur qu'on a toujours remarqués dans ses ouvrages. En quittant Rome, il alla en Lombardie et à Venise, où il travailla encore, pendant une année, à perfectionner son talent.

Ces qualités, qui distinguaient Louis de Silvestre, le firent d'autant plus apprécier, lors de son retour en France, en 1700, que l'art, à cette époque, semblait déjà tomber en décadence. L'Académie de peinture le reçut dans son sein, en mars 1702, et, deux ans plus tard, il fut nommé adjoint aux professeurs. Il passa professeur titulaire, le 3 juillet 1706.

Louis XIV lui commanda plusieurs tableaux dont le plus remarqué fut celui qu'il peignit pour l'autel de la chapelle du Saint-Sacrement, à Versailles; le roi, qui vint l'examiner, voulut bien exprimer à l'auteur toute sa satisfaction.

L. de Silvestre fit un grand nombre d'ouvrages qui répandirent sa réputation même à l'étranger; et l'électeur de Saxe, depuis roi de Pologne, sous le nom d'Auguste III, chercha plusieurs fois à l'attirer à sa cour. Louis de Silvestre accepta enfin, en 1716, la charge de premier peintre que lui offrait ce prince.

Il avait alors 41 ans. En 1727, le 12 avril, il fut nommé directeur de l'Académie de Dresde *.

Il fut, sans doute, honorable pour L. de Silvestre d'avoir été distingué par un prince aussi passionné pour les arts que l'était Auguste III, et d'avoir été choisi par lui comme son premier peintre, à une époque où ce souverain, à l'exemple de son père, et plus encore que son père, travaillait avec ardeur à accumuler, dans son musée de Dresde, des trésors artistiques de tous les genres. Le comte de Brühl, premier ministre du roi et profond connaisseur dans toutes les branches de l'art, secondait de tout son pouvoir les goûts de son maître dans la formation de la galerie de Dresde, dont l'un et l'autre voulaient faire et faisaient, en effet, une merveille; et il est à croire que le premier peintre du Roi ne restait pas étranger aux décisions du royal conseil.

Auguste III ne reculait devant aucune difficulté pour satisfaire l'ambition qu'il avait de faire de la galerie de Dresde une des plus riches collections de l'Europe. On lit dans l'introduction au catalogue du musée de Dresde, par M. J. Hübner, dont M. Grangier a fait une traduction, ce passage curieux : « L'époque où se sont faites les plus grandes et les plus belles acquisitions, celle où l'on a acheté les tableaux qui brillent encore aujourd'hui dans la galerie comme ses plus beaux joyaux, remonte au siècle d'Auguste II, et plutôt encore à celui d'Auguste III

---

* Le décret royal se trouve aux Documents.

(1733-1760), et de son favori et tout-puissant ministre, le comte de Brühl. On trouve, presque partout, ces deux noms réunis, lorsqu'il s'agit de déterminer la provenance des chefs-d'œuvre que possède notre collection.

« Il est bon de remarquer ici que des dépenses qui, à cette époque, ont pu être taxées de prodigalité, par cela même qu'elles n'avaient pour but que de satisfaire le goût si noble et si élevé du Roi, devinrent, avec le temps, une mesure de finances très-heureuse; car les sommes considérables qui furent dépensées alors pour l'acquisition de ces chefs-d'œuvre de l'art, outre que le capital s'est trouvé décuplé, portent encore aujourd'hui les plus hauts intérêts, si l'on considère les avantages pécuniaires résultant, pour le pays, de l'affluence d'étrangers qu'y attire, chaque année, la célébrité de notre galerie.

« De toutes les acquisitions dues au Roi Auguste III, la plus importante et la plus considérable, tant sous le rapport du nombre que sous celui de la valeur, est, sans contredit, celle de la galerie de Modène, ou plutôt celle des cent tableaux provenant de la collection du duc François d'Este-Modène, et qui se trouvaient en partie à Modène et en partie à Ferrare.

« Cette acquisition fut négociée par le comte Villio, alors ministre de Saxe à Venise; Ventura Rossi, peintre de la cour de Saxe et son délégué spécial; Pietro Guarienti, plus tard inspecteur de la galerie, et le vieux Zannetti, à Venise, célèbre alors par ses connaissances en tableaux. L'affaire d'argent, proprement dite, fut confiée au banquier Jean-Thomas Rachel, de Dresde, et à son frère Paul-Maurice Rachel qui habitait Venise. En parcourant les nombreuses lettres qui nous restent des deux frères Rachel, et surtout du premier, on peut suivre avec précision la marche de toute cette affaire, avec ses complications et toutes les difficultés que la ruse et la cupidité suscitèrent aux négociateurs saxons. »

On voit, en lisant dans l'intéressante introduction de M. Hübner tout ce qui se rattache à cette acquisition des tableaux de Modène, que l'affaire fut menée avec autant de soins, de prudence et de finesse que s'il s'était agi de la solution de quelque grave question d'État. Et la chose en valait bien la peine, puisque ces cent tableaux ne devaient entrer dans la galerie de Dresde qu'au prix de 100,000 sequins. Outre ce prix convenu, un millier de sequins furent encore employés en frais accessoires de toute nature. Cette somme considérable pour l'époque, qui représenterait aujourd'hui environ 3 millions, paraîtra relativement minime, si on considère que cette collection, composée des plus riches chefs-d'œuvre de la galerie d'Este, ne pourrait peut-être pas être achetée de nos jours pour un prix décuple, en supposant qu'une occasion se présentât de les acquérir.

Dans l'honorable position où il se trouvait, L. de Silvestre redoubla d'efforts pour se rendre digne de la faveur du prince et de la confiance que lui témoignait l'Académie de peinture; et il réussit à conquérir et à conserver un des premiers rangs parmi les artistes de son pays adoptif.

Il fut appelé, en 1728, à la cour de Berlin, pour y faire le portrait du Roi Frédéric-Guillaume ; et, quelques années après, en 1732, il reçut la commande d'un tableau représentant ce même prince et le Roi de Pologne se donnant la main. Cette composition emblématique, qui fut alors très-goûtée, se trouve dans les galeries du musée de Dresde.

L'année suivante, après la mort du Roi Auguste II, son successeur, Auguste III, non-seulement retint L. de Silvestre à son service en le confirmant dans tous ses emplois, mais il ajouta encore aux faveurs que lui accordait le feu Roi.

Louis de Silvestre fut chargé de faire, plusieurs fois, les portraits de la famille royale, et ceux, aussi, des plus hauts personnages de la cour. Il reçut la commande d'un grand nombre d'ouvrages importants, soit pour les appartements royaux, soit pour le musée, soit pour les églises ; mais la pièce capitale sortie de son pinceau est, sans contredit, le grand tableau qu'il a fait de l'entrevue de la reine de Pologne avec l'impératrice douairière Amélie, au château de Neuhaüs en Bohême. La reine s'était rendue à cette résidence, le 24 mai 1737, accompagnée des princes et des princesses de la famille royale, et avec une suite nombreuse*. Le Roi chargea son pre-

---

* L'impératrice Amélie était veuve de l'empereur Joseph I, et mère de la reine de Pologne.

mier peintre de perpétuer le souvenir de cette visite de famille, et L. de Silvestre s'acquitta de cette mission avec autant de célérité que de talent.

Sur une toile de 24 pieds de long sur 18 pieds de haut (mesure de Saxe), il exécuta, en un an, la scène qu'il était chargé de reproduire. Ce tableau, qui représente près de cent personnages, la plupart de grandeur naturelle et faits d'après nature, figure encore aujourd'hui dans la galerie de Dresde. Le Roi fut si content de ce travail et du talent dont L. de Silvestre avait fait preuve en tant d'autres occasions, que, pour lui témoigner sa satisfaction et récompenser son mérite, il l'anoblit*, en 1744, en même temps que son neveu, Nicolas-Charles, fils de C. F. Silvestre qui était mort déjà depuis trois ans (12).

Avant que de s'établir à Dresde, Louis avait épousé, le 17 janvier 1704, en la paroisse de S. Barthélemy, à Paris, Marie-Catherine, fille de Charles Hérault, peintre ordinaire du Roi et de l'Académie de peinture. Catherine Hérault avait déjà, à cette époque, une réputation de peintre habile. Elle était élève de son père et de sa mère aussi, qui excellait dans l'art de peindre au pastel et en miniature. A Dresde, elle était particulièrement occupée à faire les copies des portraits que son mari peignait d'après les principaux personnages, et qui étaient des-

---

* Du moment que Louis eut reçu du roi Auguste III des lettres de noblesse, il ne fut plus désigné que sous le nom de Louis de Silvestre.

tinées soit à la cour de Saxe, soit aux cours étrangères. Elle sut aussi, par son talent, mériter les faveurs de la famille royale.

Louis de Silvestre eut trois enfants de son mariage : un fils, François-Charles, qui resta établi en Saxe, où il succéda à son père comme directeur de l'Académie de peinture (13); et deux filles, dont l'une, Marie-Thérèse, épousa, à Dresde, M. Pierrard, camérier intime du Roi, et l'autre, Marie Maximilienne, resta fille, et fut lectrice de Marie-Josephe de Saxe, épouse du Dauphin, fils de Louis XV et de Marie Lekzinska.

L. de Silvestre demeura longtemps en Allemagne où il acquit une assez grande fortune; ce ne fut qu'à l'âge de 74 ans, en 1748, qu'il songea à revoir sa patrie et à prendre du repos. Il demanda sa retraite, et, l'ayant obtenue, il revint en France, laissant à Dresde son fils François-Charles, qui le remplaça comme directeur de l'Académie. Le titre honorifique du premier peintre du Roi de Pologne lui fut conservé sa vie durant.

Malheureusement, peu d'années après son retour en France, la guerre qui fut portée en Saxe par la Prusse le dépouilla de tous ses biens qu'il avait placés à Dresde sur le trésor public. Le Roi Louis XV et la Dauphine, qui prirent intérêt à son sort, le sauvèrent, pour ainsi dire, d'une ruine complète (14).

A son arrivée à Paris, le 7 juin 1748, il fut nommé directeur de l'Académie de peinture dont il faisait déjà partie. Dans cette nouvelle charge qu'il conserva jusqu'à sa mort, il gagna si bien l'estime générale, et particulièrement celle des membres de la compagnie qu'il dirigeait, que Mariette disait, dans des notes écrites au moment de la mort de Louis, que tout le monde convenait qu'il serait difficilement remplacé.

Louis de Silvestre mourut aux galeries du Louvre, le 11 avril 1760, à onze heures du soir. Il est utile de fixer les idées des biographes sur ce point par une raison dont je vais parler tout à l'heure. Je commence par transcrire les termes de l'acte de décès de Louis, extrait des registres de l'acte civil de Saint-Germain-l'Auxerrois : « Le dimanche, 13 avril 1760,
« Sr Louis de Silvestre, écuyer, directeur de l'Aca-
« démie de peinture et de sculpture, premier peintre
« du Roy de Pologne, âgé de quatre-vingt-cinq ans
« ou environ, veuf de d.^{e} Marie-Catherine Hérault,
« décédé d'avant-hier, à onze heures du soir aux
« galleries du Louvre, de cette paroisse, a été in-
« humé en cette église en présence des sieurs François-
« Charles de Silvestre, peintre de Sa Majesté et du
« Roi de Pologne, électeur de Saxe, son fils; Nicolas-
« Charles de Silvestre, M^e à dessiner du Roy, et de
« Jean-Baptiste Marteau, ancien entrepreneur des
« bâtiments du Roy, ses neveux. »

« Marteau, François-Charles de Silvestre. »

Maintenant, je ferai observer que, jusqu'ici, presque tous les biographes, dont Mariette lui-même, indiquent la mort de Louis de Silvestre comme ayant eu lieu le 12 avril, opinion qui a été repro-

duite récemment par les *Archives de l'art français.*
D'un autre côté, une lettre écrite au comte de Brühl,
sous la date du 13 avril 1760, par le général de
Fontenay, ministre de Saxe à Paris et lié d'amitié
avec L. de Silvestre, recule cette mort d'un jour en
la portant au 13. Voici la partie de cette lettre qui a
rapport au décès de Louis : « Le pauvre de Silvestre
« est enfin arrivé au terme de ses souffrances : il a
« rendu l'âme cette nuit à deux heures. »

Sans chercher à expliquer le désaccord qui existe
entre l'acte de décès et ces diverses indications, je
crois qu'il est préférable de s'en rapporter au document officiel que la famille a signé et qui fixe au
11 avril 1760 la mort de L. de Silvestre.

On a fait de cet artiste plusieurs portraits qui
ont été gravés par d'habiles maîtres. *De Latour*
en a peint un au pastel, qui passe pour être très-
beau ; je ne le connais pas, non plus que la gravure
qui en a été faite. On a de *Pesne* un portrait de
Louis qui a été supérieurement gravé par Zucchi
($0^m,360$-263)[*]. J'ai celui qui a été peint par Greuze
et dont Saint-Aubin a fait une excellente gravure

---

[*] Ce portrait a dû être peint vers 1730, peu après la nomination
de L. de Silvestre à la direction de l'Académie royale de Dresde. Antoine Pesne, alors premier peintre du roi de Prusse, était dans
toute la force de son talent. Cet habile artiste, né à Paris en 1683,
mourut à Berlin en 1743. Ami de L. de Silvestre, il était du même
âge que lui. On lit au bas du portrait gravé par Zucchi : *Ludovicus
de Silvestre Ser.^{mi} ac Potentiss.^{mi} Principis Augusti Terty Regis
Poloniarum Electoris Saxoniæ, Primus Pictor, et Regiæ Academiæ
director...*

que je possède également (0^m,350-0^m,238). Ce tableau de Greuze est peut-être la plus belle pièce du maître. On voit, enfin, un beau portrait de Louis de Silvestre dans la curieuse collection de portraits des peintres de l'ancienne Académie de peinture et de sculpture, conservée à l'École des beaux-arts. Il a été peint, en 1702, par Valade, qui était probablement le père du peintre paysagiste que l'Académie admit dans son sein, le 29 novembre 1754.

Cochin fils a dessiné d'après nature, en 1753, un portrait de Louis, qui est représenté de profil dans un médaillon ornementé. Ce dessin a été gravé, la même année, par Henri Watelet (0^m,162-0^m,121).

Il existe aussi une pièce dessinée et gravée à l'eau-forte, en 1764, par C. Hutin (0^m,220-0^m,160) quatre ans après la mort de Louis. Cette pièce paraît être un projet de monument sépulcral. Louis de Silvestre y est représenté en un buste placé dans une niche entourée d'une guirlande de feuillage. Au-dessous de la niche, se trouve un piédestal posé sur un terre-plein et supportant les attributs de la peinture. De chaque côté du piédestal, on voit les deux figures, debout, de la Religion et de la Foi. Au-dessous du terre-plein est un enfoncement demi-circulaire en forme de caveau, au fond duquel on aperçoit un sarcophage surmonté d'une couronne. La Mort, sous l'apparence d'un squelette ailé et drapé, occupe la partie supérieure du cintre de ce caveau. Au-dessous du buste, sur le piédestal, se lit l'inscription : *Lud. de Silvestre, Eques, pictor regis, obiit anno* 1760.

Et plus bas, sont les armoiries de Louis de Silvestre (15).

Enfin un portrait de Louis de Silvestre, et un autre de sa femme, peints au pastel, ont été exposés au musée, en 1704, par Joseph Vivien.

Il serait long d'énumérer ici tous les ouvrages de Louis. Ils ont été répandus tant en France qu'en Allemagne. Nous en citerons seulement quelques-uns des plus connus.

Avant son départ pour la Saxe, Louis avait fait :

1° Son tableau du *Mai de Notre-Dame*, qui représente *saint Pierre et saint Paul guérissant un boiteux*.

Ce tableau a été gravé par Tardieu.

La pièce porte 0^m,120-0^m,08.

Au bas se trouve, à gauche : *L. Silvestre pinxit*; et, à droite : *Tardieu sculpsit*.

2° *Sainte Thérèse*.

Au bas de la gravure qui en a été faite, on lit à gauche : *L. Silvestre pinxit*. Le nom du graveur n'est pas indiqué ; il est à croire que c'est Jeaurat qui en était, à la fois, l'éditeur et le graveur, d'après cette inscription qu'on lit au bas de la planche : à Paris, chez Jeaurat...

Le sujet se trouve entouré d'un encadrement gravé qui est cintré par le haut.

La pièce porte 0^m,31-0^m,21.

3° Le tableau de *Vénus et Adonis*, dédié à Monseigneur le chevalier de Bavière, et gravé par Chateau en 1706 (0m,560-0m,410).

4° Un second tableau qui fait le pendant du précédent et qui représente l'*Enlèvement d'Europe* a été peint à la même époque.

Je n'en ai jamais vu la gravure.

5° Un tableau ovale représentant la *Musique*.

Il a été gravé par Chateau en 1708.

0m,210 — 0m,173.

6° *Apollon et Daphné*, gravé en 1707 par Chateau (0m,557-0m,414), et dédié à Jules Hardouin Mansard par F. Silvestre.

7° *Angélique et Médor*, gravé par Chateau, et dédié à la princesse de Conty, douairière, par F. Silvestre (0m,384-0m,308).

8° *Pan et Syrinx,* gravé en 1717 par Thommassin.

Cette pièce, qui est dédiée au Roi de Pologne, a précédé de peu l'établissement de Louis de Silvestre en Saxe ; la dédicace en est ainsi conçue : *Serenissimo Frederico Augusto principi regio Poloniæ et Electori Saxoniæ offerebat humillimus et devotissimus Ludovicus Silvestre junior* (16).

9° *Saint Benoît ressuscitant un enfant.*

C'est un des tableaux qui ont été commandés à Louis de Silvestre pour le cloître de Saint-Martin-des-Champs.

Il fait, en ce moment, partie du musée du Louvre et a été gravé par Coiny et Villerey pour la collection Filhol (0^m,188-0^m,830). Il a été attribué mal à propos à Bon-Boulongne dans le livret du musée *.

10° *La Cène.* Grand sujet, en hauteur, peint pour la chapelle du Saint-Sacrement, à Versailles.

Je ne sais si ce tableau a été gravé **.

11° *Ulysse découvrant le jeune Astyanax caché dans le tombeau d'Hector.*

Ce tableau, qui a été supérieurement gravé par J. Audran (0^m,60-0^m,447), est un des meilleurs de Louis de Silvestre, qui en a dédié la gravure à Mgr. le cardinal de Rohan.

12° *Bacchus et l'Amour,* gravé par L. Desplaces (0^m,21-0^m,15) sans date, et dédié à M. Le Raguet de Bretonvilliers.

13° *Mercure qui endort Argus au son de la flûte.*

Ce tableau, ainsi que ceux indiqués aux numéros 3 et 6 ont été exposés au salon du Louvre de 1704.

---

* Voir dans les Documents au sujet de ce tableau : *Quelques pièces relatives à Louis de Silvestre (le jeune).*

** Louis a fait un autre tableau sur le même sujet pour une nouvelle église que le roi Auguste venait de faire bâtir à Dresde. Ce tableau devait orner, comme à Versailles, une chapelle du Saint-Sacrement. Dans une lettre datée du 29 juillet 1751, le comte de Brühl annonce à la Dauphine la prochaine inauguration de cette église, et la commande qui a été faite à L. de Silvestre du tableau de la Cène pour la chapelle du Saint-Sacrement. Ce tableau fut terminé à Paris en 1752, et envoyé à Dresde.

On pourrait encore citer d'autres ouvrages de Louis de Silvestre, datant de son premier séjour en France ; mais c'est surtout en Allemagne que, par ses productions et par son talent, il s'est élevé à une hauteur qui lui a valu un rang distingué parmi les bons artistes de son temps.

Il excellait surtout dans le portrait. Le Roi, la Reine, les princes et les principaux personnages de la cour se firent peindre par lui, et à plusieurs reprises.

On connaît par la gravure son beau portrait de Marie-Josephe, électrice de Saxe, archiduchesse d'Autriche et reine de Pologne. Ce tableau, où la princesse est représentée en pied et en costume royal, a été peint en 1737, et gravé en 1750 par Daullé, graveur du roi ($0^m,67$-$0^m,48$) *.

Cependant, si on compare ce portrait avec celui qui a été gravé à Berlin, par G. F. Schmidt, également d'après L. de Silvestre, et qui passe, avec raison, pour être d'une parfaite ressemblance, on voit que Daullé n'a pas rendu fidèlement les traits ni la physionomie de la Reine ; aussi son travail fut-il reçu avec défaveur par la cour de Saxe, comme on va le voir quelques lignes plus bas.

Louis de Silvestre fit également un portrait en pied du Roi, destiné à la cour de Versailles. Auguste III voulut en conserver une reproduction par la gravure, et, sur l'avis de son premier peintre, il

* Il existe un état avant la lettre de cette belle pièce.

chargea Drevet d'en exécuter la planche. Mais Drevet mit une telle négligence à servir le Roi, que l'affaire donna lieu à une correspondance assez sérieuse de la part de la cour de Saxe. Je transcris ici ces lettres échangées qui ont rapport aux commandes faites à Daullé et à Drevet, et qui prouvent que ce dernier n'a jamais exécuté, ou, du moins, terminé son travail.

« M. Heineken, inspecteur des galeries royales de Dresde, à M. le ministre, comte de Brühl.

« Dresde, 3 mars 1755.

« Sa Majesté avait ordonné, à la fin de l'année 1743, sur la proposition de M. de Silvestre le père, de faire graver son portrait à Paris, par Claude Drevet. M. de Silvestre le fils, qui était alors à Paris, reçut la commission de passer un contrat avec ledit graveur Drevet.

« Par l'entremise de M. Rigaud, et suivant ce contrat, le graveur s'engageait à graver le portrait du Roi, d'après le tableau de M. de Silvestre le père, dans l'espace de deux ans, à commencer du 20 avril 1744, pour le prix de neuf mille livres, et que le S.^{r} Le Leu, agent du Roi, lui devait payer successivement.

« Or, comme le graveur Drevet a retardé cet ouvrage jusqu'à présent, promettant d'un jour à l'autre de le finir, sans tenir parole, S. Exc. le premier ministre a jugé à propos d'informer de cette affaire M. le comte de Bellegarde, à Paris, pour qu'il fît venir tant M. de Silvestre, le père, que le graveur Drevet, et qu'il enjoignît sérieusement à ce dernier de finir la planche qu'il avait entreprise, et de ne pas donner lieu de se plaindre à la cour de France.

« Le graveur Daullé a entrepris de la même manière le portrait de S. M. la Reine ; et, après avoir achevé sa planche, il s'est trouvé que le portrait n'était nullement ressemblant au portrait de M. de Silvestre le père. On a fait, auprès de l'un et de l'autre de ces graveurs, une foule d'instances à l'effet de remédier à cet état de choses, mais toujours en vain ; de sorte qu'on ne sait plus quels moyens employer. Le graveur Daullé, particulièrement, comme parent de M. de Silvestre, ayant été payé entièrement, sur sa demande, ne pense même pas à corriger sa planche.

« S. Exc. le premier ministre jugera, sans doute, qu'il est nécessaire d'écrire, à ce sujet, à M. le comte de Bellegarde, pour qu'il engage M. de Silvestre à ôter au graveur Drevet le portrait en question, suivant l'intention du Roi qui lui est connue.

« De Heineken. »

Le ministre, comte de Brühl, ayant communiqué ce mémoire au conseiller Spinhirn, secrétaire de la légation de Saxe à Paris, avec ordre de prendre sur lui l'exécution des intentions qui y sont détaillées, M. Spinhirn répondit de Paris :

« Paris, 30 mars 1755.

« Conformément aux ordres dont Votre Excellence m'a honoré par son apostille du 9 courant, touchant les graveurs Drevet et Daullé, chargés de graver les portraits de Leurs Majestés, je me suis adressé à M. de Silvestre pour lui faire part de ma mission, et m'informer, en même temps, de ce qu'il était parvenu à obtenir de ces deux artistes. Il m'a assuré que, malgré tous les mouvements qu'il s'était donnés pour les faire avancer, il ne lui avait pas encore été possible d'en venir à bout ; que tous les deux se contentaient de lui promettre d'achever incessamment leur ouvrage, pour la perfection duquel, à la vérité, la saison n'avait pas été, jusqu'ici, bien favorable ; mais que, nonobstant cette considération, leur indolence n'en était pas moins blamâble.

« Je ne manquerai pas, de mon côté, de veiller à ce que ces deux artistes remplissent exactement ce qu'ils viennent de nous promettre.

« SPINHIRN. »

Je ne sais pas s'il y a une suite à cette correspondance, mais ce qu'il y a de certain, c'est que le portrait de la Reine par Daullé, qu'on connaît avant et avec la lettre, n'est pas devenu ressemblant, et que le portrait du Roi par Drevet n'a jamais paru.

Ce même portrait d'Auguste III, peint par Louis de Silvestre, a été récemment gravé par Delannoy pour la *galerie historique de Versailles* (0^m,203-0^m,135).

Le grand tableau dont il a été parlé plus haut, et qui représente l'entrevue de la Reine de Pologne avec l'impératrice Amélie, a été gravé en deux feuilles par Laurent Zucchi, graveur du Roi. L'estampe entière porte 1^m,04 sur 0^m,78. Au-dessous du trait on lit : *Entrevue entre Sa Majesté l'Impératrice douairière Amélie et Leurs Majestés polonaises avec la famille royale, faite à Neuhaüs, 1737, le 24 de may.* A gauche du trait : *Ludovicus de Silvestre* *pinxit*; à droite : *Laur. Zucchi, sculp. Dresdæ cum privil.* *.

F. Schmidt a gravé, à Berlin, les deux superbes portraits que Louis de Silvestre a faits en 1743, d'Auguste III, Roi de Pologne, et de la Reine Marie-Josephe. Le Roi et la Reine sont représentés jusqu'aux genoux, dans un riche costume du temps. Les deux planches ont chacune $0^m,503 - 0^m,366$.

Le portrait du comte de Brühl, premier ministre du Roi de Pologne, a été gravé par Baléchoux en

---

* Il n'est, peut-être, pas inutile de citer les noms des principaux personnages qui sont représentés dans cette grande composition, et qui faisaient partie de la cour du roi Auguste III et de celle de l'impératrice, veuve de Joseph I. Sans doute, il serait plus intéressant de pouvoir, la gravure sous les yeux, reconnaître chacun de ces divers personnages, mais cet avantage aurait nécessité une reproduction, au moins au trait, des figures de l'estampe, ce qui aurait donné lieu à un travail considérable. Il sera possible, néanmoins, de mettre les noms sur plusieurs d'entre eux, d'après le rang et la position qu'ils occupent dans le tableau, et d'après les qualités qui leur sont attribuées ci-après.

A droite de l'estampe :
Le roi de Pologne, Auguste III et la reine.

Leurs enfants :
Le prince Électoral, *Frédéric-Chrétien*, âgé de 15 ans.
Le prince *Xavier*, âgé de 7 ans.
Le prince *Charles-Chrétien*, âgé de 4 ans.
La princesse *Marie-Amélie*. 13 ans. Mariée en 1738 au roi de Naples, qui devint, plus tard, roi d'Espagne sous le nom de *Charles III*. Morte en 1660.
La princesse *Marie-Anne*. 9 ans. Mariée en 1747 au dernier Électeur de Bavière, *Maximilien-Joseph*. Morte en 1797.
La princesse *Marie-Joseph*. 6 ans. Mariée en 1747 au Dauphin, fils de *Louis XV*. Morte en 1767.
La princesse *Marie-Christine*. 2 ans. Ne se maria pas. Elle devint abbesse du Chapitre de Remiremont en Lorraine.
La princesse *Marie-Élisabeth*. 1 an. Ne fut pas mariée.

1750 (0ᵐ,460-0ᵐ,385). Au bas de la planche, à gauche, se trouve : *Peint par Louis de Silvestre p.ʳ peintre de sa Majesté le Roi de Pologne, Électeur de Saxe;* et, à droite, se lit : gravé par Baléchoux en 1750. Le ministre est représenté jusqu'aux genoux.

Louis de Silvestre a fait un assez grand nombre de fois le portrait du Souverain dont il était le premier peintre. Outre ceux dont il a été parlé ci-dessus, il l'a représenté à mi-corps, couvert d'une riche

    Suite du roi et de la reine :
La grande maîtresse de la cour, comtesse *de Kolowrat*. La aya (gouvernante) des jeunes princesses, comtesse *de Wrschowitz*. Douairière *de Proskowitz*.
Les demoiselles d'honneur de la reine, comtesse *de Waldstein*, comtesse *de Kokorzowa*.
L'ambassadeur de l'empereur près la cour de Saxe et de Pologne, comte *Wratislaw*.
Les ministres du cabinet : Comte *Wackerbath-Salmour*, avec les décorations de l'Aigle blanc, de Saint-Maurice et de Saint-Lazare; comte *Sulkowski* et comte *Henri de Brühl*.
Le ayo (gouverneur) des jeunes princes, baron *de Wessenberg*.
Le maréchal de la cour, *Jean-Georges de Einsiedel*.
Les chambellans : *De Minkwitz, de Schœnfeld*, comte *de Werthern* et *de Einsiedel*.
L'adjudant général, comte *de Flemming*.
Les chev.-gardes, *de Karras* et *de Gœssnitz*.
Les pages, *de Marschal, Schœnberg, Bratkowsky, Karnowsky, Rostworowsky* et *Wackberarth-Salmour*, le jeune.

    A gauche de l'estampe :
L'impératrice douairière *Amalie Wilhelmine*.

    Sa suite :
Le prince *Em. de Lichtenstein*, grand maréchal.
Comte *de Nostitz*, grand écuyer.
Comte *Polztazki*, grand maître des offices.
Camériers, comtes *de Langheim, de Tirheim* et *de Nostitz*.
La grande maîtresse, princesse *Esterhazy*.
Dames d'honneur, Mᵐᵉˢ *Glench, Singendorf, Palfi-Edardi*.

armure et du manteau royal, dans un grand portrait ovale qui a été gravé par Daullé. Au bas de la gravure se lisent tous les titres du prince. L'ovale porte 0^m,192 sur 0^m,160.

Je signalerai aussi le portrait qu'il a fait du père du Roi, Frédéric-Auguste, électeur de Saxe, où ce prince est représenté couvert d'une cuirasse et du manteau grand-ducal. Ce portrait, en buste, a été gravé par C. Roy (0^m,134-0^m,92).

Depuis son retour en France, Louis de Silvestre exposa au salon du Louvre, en 1750, quatre tableaux représentant 1° *Saint Joseph tenant l'Enfant Jésus sur ses genoux ; à sa gauche, la Vierge, en prière, s'incline vers le Sauveur; au-dessus est un chœur de chérubins.*

2° *Agar, dans le désert, s'éloigne de son fils mourant; un ange lui indique une source;*

3° *La Visitation de la sainte Vierge;*

4° *Une fuite en Égypte*, faisant pendant au précédent.

Je ne sais si ces quatre tableaux qui ont appartenu Monsieur le Dauphin et à Madame la Dauphine ont été gravés.

Enfin, à l'exposition du musée de 1757, on vit un tableau de Louis de Silvestre représentant *le temple de Janus fermé par Auguste*. Le livret du musée donne une assez longue description de cet ouvrage.

Louis de Silvestre a laissé beaucoup de dessins dont plusieurs sont entre mes mains. On peut voir aisément, par les diverses productions de cet artiste, qu'il était exclusivement peintre d'histoire et de portraits. On peut juger également de la différence qui existe entre sa manière de faire et celle de son frère aîné, du nom de Louis, lequel, de son côté, était exclusivement peintre, dessinateur et graveur de paysages.

Voici ce que Dargenville dit de Louis de Silvestre dans son *Abrégé de la vie des Peintres :* « Louis de
« Silvestre, toujours employé à des plafonds et à de
« grands ouvrages, pour les Palais des Rois au ser-
« vice desquels il était attaché, a fait peu de petits
« tableaux. Il a su conserver, jusque dans un âge
« très-avancé, la grande manière, le coloris et la
« correction du dessin qu'il avait acquis dans l'école
« de Bon-Boullongne, et en Italie.

« Ses élèves ont été Saxons ou Polonais, et ne
« nous sont point connus. »

Je termine par un extrait de l'article que Mariette a consacré à Louis de Silvestre dans son *abecedario*. Mariette était le contemporain de Louis, membre de l'Académie royale de peinture dont celui-ci était le directeur.

« Silvestre (Louis de) est mort à Paris le 12 avril
« 1760. Il était âgé de 84 ans 9 mois et
« 20 jours, étant né à Paris le 23 juin 1675. Il entra
« à l'Académie en 1702, et il était professeur lorsque
« le prince électoral de Saxe, aujourd'hui Roi de
« Pologne, le connut et lui proposa de passer en
« Saxe au service du Roi Auguste, son père. Silvestre

« accepta l'offre, et, pendant tout le temps qu'il
« demeura dans cette cour, il se fit estimer autant
« par ses talents que par la douceur de ses mœurs
« et la noblesse de ses sentiments; il se fit des amis
« distingués.

« Le grand nombre d'ouvrages qui occupèrent ses
« pinceaux, les libéralités de ses maîtres lui firent
« faire une fortune considérable, et, lorsqu'il se vit
« en état de vivre sans le secours de son travail, il
« demanda sa retraite, et, l'ayant obtenue, il revint
« en France, résolu d'y finir ses jours dans la tran-
« quillité que semblait lui promettre sa situation. Il
« n'envisageait pas les malheurs de cette guerre que
« le Roi de Prusse devait bientôt porter en Saxe et
« qui le dépouillerait de tout son bien [*]. »

[*] Il a été parlé plus haut de cette particularité de la vie de Louis de Silvestre.

MARIE DE SILVESTRE.

Marie-Maximilienne, la plus jeune des filles de Louis de Silvestre, naquit en 1708, à Paris. Elle avait huit ans, lorsque son père alla s'établir en Saxe, avec sa famille, après avoir accepté la charge de premier peintre que lui offrait le Roi de Pologne.

Marie de Silvestre montra, dès son enfance, une inclination naturelle pour les arts, et elle fit voir, par son intelligence et par la facilité avec laquelle elle profitait des leçons de son père et de sa mère, ce qu'elle serait un jour, et, surtout, ce qu'elle serait devenue si, plus tard, les événements ne l'avaient obligée à ne faire plus de l'étude des beaux-arts qu'une occupation secondaire. Toutefois elle ne renonça jamais entièrement à ce goût inné qu'elle avait pour la peinture, et elle fit paraître, en plusieurs occasions, des ouvrages au pastel et en miniature qui la mirent au rang des artistes les plus estimables de son temps.

Pendant les premières années de son séjour en Saxe, elle travailla avec beaucoup d'application et de succès; et elle se fit remarquer des personnages de la cour qui fréquentaient la maison de son père, plus encore par son esprit cultivé, par son amabilité et la solidité de son jugement, que par son talent ; aussi, lorsque la jeune princesse, Marie-Josephe, fille du Roi de Pologne, fut en âge de commencer son éducation, Marie de Silvestre fut appelée auprès d'elle avec le titre de lectrice, et elle sut si bien gagner la confiance et l'affection de la famille royale et, surtout, de la jeune princesse, que celle-ci ne voulut plus désormais se séparer d'elle, la considérant moins comme sa lectrice que comme une confidente et une amie.

On verra, plus bas, par quelques lettres que la princesse adressait à Marie de Silvestre, quel degré d'attachement et de confiance elle lui accordait.

Le Dauphin, fils de Louis XV, ayant perdu, en juillet 1746, sa première femme, Marie-Thérèse, Infante d'Espagne, le profond chagrin qu'il en ressentit dut céder devant des raisons d'État, devant celle, particulièrement, d'assurer un héritier à la couronne, et, en novembre de la même année, un nouveau mariage fut convenu et arrêté, à Varsovie, entre le prince et Marie-Josephe de Saxe, alors âgée de 15 ans, et qui prit, dès ce moment, la qualité de Dauphine.

C'est à cette occasion que la princesse, ayant reçu le portrait du Dauphin, écrivit la lettre curieuse qui suit, à Marie de Silvestre, sa lectrice, qui était alors à Dresde. Cette lettre a pour suscription :

A Mademoiselle,

Mademoiselle de Silvester, à Dresde.

« Ma chère Silvester,

« Je veux seulement vous dire que j'ay reçu hier de la
« princesse Czatorinska Palatine de Russie, le portrait du
« plus beau et du plus aimable prince de l'univers, cet à
« dire de Monsieur le Dauphin, je vous souhaiterai de me
« voir, car je suis toute la journée à le regarder, et plus je
« le regarde et plus il me plaît, car je voudrais pouvoir
« vous le peindre dans cette lettre, et je suis sur que vous
« troverez que j'ai raison. Mes compliments à votre famille
« et à l'abbé Alaire, je suis

« Ma chère Vester
« Votre affectionnée
« Dauphine Marie-Josephe.

« Varsovie le 26.ᵐᵉ nov. 1746. »

Le *fac-simile* de cette lettre dont j'ai l'original est annexé aux pièces justificatives.

Cependant Louis XV voulut demander, avec la solennité et les formes accoutumées, la main de la jeune princesse dont les fiançailles n'avaient été encore que le résultat d'un pacte entre les deux familles royales. Il envoya, à cet effet, le duc de Richelieu avec mission de prendre, en même temps, des informations sur les habitudes et les goûts de la jeune princesse. Le duc partit pour son ambassade le 10 décembre 1746, et arriva à Dresde le 21 du même mois.

C'est alors qu'eurent lieu une série de fêtes splendides que donna le Roi de Pologne; et le duc y répondit par d'autres non moins brillantes, dont la jeune Dauphine eut particulièrement les honneurs.

Le duc de Richelieu n'oublia pas la seconde partie de son programme, et, pour se renseigner sur les goûts et les habitudes de l'auguste fiancée, il crut ne pouvoir pas mieux s'adresser qu'à la comtesse de Martinitz, alors gouvernante des princesses, filles du Roi. Voici, d'après les archives de Dresde, quelques-uns des renseignements fournis par cette dame :

« La boisson la plus ordinaire de la princesse est de l'eau fraîche de fontaine; à dîner, de la bière et, ensuite, du vin de Moselle avec de l'eau. Elle n'aime pas le chocolat. Pour le vin de France, elle boit volontiers du vin de Bourgogne.

« Au déjeuner, du thé vert; quelquefois du café au lait. Elle ne prend rien au goûter.

« Elle se sert d'une couverture de plumes, capitonnée, en hiver; en été, d'une couverture très-légère.

« Elle mange de tout, mais plus volontiers des viandes peu substantielles.

« Pour les habillements, elle aime les couleurs sombres.

« Elle lit toutes sortes de livres de piété et d'histoire. Elle joue du clavecin.

« Tout ce dont on l'entretient lui est agréable ; rien ne lui déplaît, tout l'amuse. Elle aime la franchise.

« Elle a eu la petite vérole volante et la rougeole. »

Le Roi Auguste III arrêta que le départ de sa fille aurait lieu vers le milieu de janvier 1747, et il nomma le prince Lubomirski pour accompagner la Dauphine, et la remettre aux mains de la famille royale de France.

De son côté, le Roi Louis XV chargea le maréchal de la Fare et la duchesse de Brancas, dame d'honneur, d'aller recevoir la Dauphine à son arrivée à la frontière. Ces deux personnages firent leur entrée à Strasbourg le 27 janvier, et, de là, se rendirent dans une presqu'île formée par le Rhin, où devait se faire la cérémonie de la remise de la Dauphine, et où cette princesse arriva le même jour, à quatre heures après midi. C'est alors que le maréchal et la duchesse lui remirent une lettre du Roi avec un portrait du Dauphin.

Après les formalités voulues, la Dauphine fit son entrée à Strasbourg, où elle logea chez le cardinal de Rohan, et d'où elle partit, le 29 janvier, pour se rendre à Versailles.

Selon l'étiquette, aucune des personnes de la suite de la princesse ne devait l'accompagner au delà de la frontière ; Marie de Silvestre, sa lectrice, fut seule autorisée à la suivre en France et à rester à son service*.

Louis XV et le Dauphin allèrent jusqu'à Cramayel, en Brie, à la rencontre de la Dauphine. Celle-ci s'agenouilla devant le Roi, qui la releva, l'embrassa et la présenta au Dauphin. On retourna, peu après, à Corbeil, où se trouvait alors toute la cour. La princesse, présentée à la Reine, s'agenouilla également devant elle ; mais la Reine, la relevant aussitôt, l'embrassa avec toute la tendresse d'une mère**.

La famille royale ne tarda pas à revenir à Versailles, où la cérémonie du mariage se fit avec une grande magnificence et avec une joie enthousiaste de la part des populations (9 février 1747). Les jeunes époux furent unis, dans la chapelle du château, par le cardinal de Soubise, en l'absence du cardinal de Rohan, grand aumônier de France, alors malade.

C'est à tort qu'on a dit que cette union n'avait pas été heureuse : la première année, seulement, ne se passa pas sans quelque trouble intérieur. Soit que le

---

* Ce ne fut, pourtant, que l'année suivante que Marie de Silvestre vint s'établir tout à fait en France, comme faisant partie de la maison de la Dauphine.

** Il était à craindre, non sans quelque raison, que Marie Leczinska n'éprouvât et ne sût pas assez cacher, surtout au premier moment de cette entrevue, un certain sentiment répulsif pour la fille de celui qui avait dépouillé son père de ses États ; mais on vit, avec admiration, cette Reine généreuse et juste accueillir la jeune princesse, sa bru, comme si elle eût été sa propre fille. Depuis lors, le caractère élevé de ces deux princesses, leur haute piété et une mutuelle et tendre sympathie ne firent que resserrer, chaque jour davantage, les liens de famille qui les unissaient.

Dauphin, qui avait tendrement aimé sa première femme dont il aurait dû encore porter le deuil, en conservât un trop vif souvenir ; soit qu'il ne considérât ce second mariage que comme forcé par des nécessités politiques ; soit qu'il se sentît moins que la Reine disposé à la générosité, au souvenir de l'affront fait à son aïeul par celui qui était devenu son beau-père ; soit, enfin, qu'il ne connût et n'appréciât pas encore les solides et précieuses qualités de Marie-Josephe : peut-être, par tous ces motifs réunis, il répondait souvent aux témoignages d'affection de sa jeune femme par une froideur et par des boutades qui la désespéraient.

Mais heureusement, cet état de choses ne dura que peu de temps. Grâce au charmant esprit, à l'angélique douceur et au dévouement sans bornes de la Dauphine, le Dauphin ne tarda pas à ouvrir les yeux sur les rares qualités de celle que la Providence lui avait donnée pour compagne ; et, depuis lors, les deux époux restèrent toujours tendrement unis. C'est ce qui a fait dire au comte de Witzthum, dans ses lettres et documents inédits (1767) : « Ce ne fut pas « seulement à Aix-la-Chapelle qu'on signa la paix « de 1748 ; on peut dater de cette année la paix qui « régna, désormais, dans le jeune ménage, et qui « dura, sans interruption, jusqu'à la mort du « Dauphin. »

Marie de Silvestre, confidente de la princesse, ne resta pas étrangère à cette réconciliation sincère et définitive qui eut lieu entre le Dauphin et la Dauphine. Ses sages conseils, toujours écoutés, en adoucissant les peines de cœur de sa jeune maîtresse, surent la maintenir dans cette pieuse résignation et dans ce parfait dévouement qui finirent par vaincre le Dauphin et par l'éclairer sur la valeur de celle dont il avait méconnu, jusque-là, les rares vertus. Le maréchal de Saxe écrivait, le 26 août 1748 : « Madame la Dauphine est de retour des Forges. « Elle était triste... Elle est mieux ; j'attribue ce « changement aux sages conseils de mademoiselle de « Silvestre, qui a la confiance de cette princesse. » Dans une autre lettre du même maréchal, datée du 26 août 1749, il est encore parlé « des sages con-« seils de mademoiselle de Silvestre, et de la con-« fiance dont Marie-Josephe honorait cette jeune « artiste distinguée sous tous les rapports. Trop « heureuse de posséder auprès d'elle une amie d'en-« fance, la Dauphine oubliait dans l'intimité « l'humble position que l'étiquette assignait à sa « jeune lectrice. »

La dernière maladie du Dauphin, qui causa sa mort, le 20 mars 1765, fit éclater d'une manière admirable le dévouement de la Dauphine et la tendre affection qu'elle portait à son mari. Peu après, elle écrivait, à l'occasion de la perte qu'elle venait de faire, ce beau passage dans une lettre adressée à son frère, le prince Xavier : « La bonté de Dieu a voulu « que je survive à celui pour lequel j'aurais donné « mille vies. J'espère qu'il me fera la grâce d'em-« ployer le reste de mon pèlerinage à me préparer,

« par une sincère pénitence, à rejoindre son âme
« dans le ciel, où je ne doute pas qu'il ne demande
« la même grâce pour moi. »

Cette princesse, qui fut mère de huit enfants, dont trois Rois[*], mourut, en mars 1767, deux ans après le Dauphin. L'année suivante, la Reine Marie Leczinska mourait, le 24 juin 1768.

Marie de Silvestre a joui, non-seulement auprès de la Dauphine, mais encore auprès des princesses de la famille royale de France, d'une affection et d'une influence que sa bonté, ses vertus et la solidité de son esprit lui ont méritées. Conseillère intime et préférée de la Dauphine dont elle avait toute la confiance, elle fut souvent chargée par elle de plusieurs missions délicates et confidentielles. Elle entra, soit au nom de la Dauphine, soit en son propre nom, en correspondance avec les principaux personnages de la cour de Saxe; il se trouve, aux archives de Dresde, des lettres concernant la Dauphine, adressées par elle au comte de Brühl, premier ministre du Roi de Pologne, et au comte de Vackerbarth, ministre du cabinet du Roi, avec les réponses de ces divers personnages. Marie de Silvestre servait, le plus ordinairement, d'intermédiaire entre la Dauphine et sa royale famille. Je joindrai aux documents un certain nombre de lettres intéressantes sous plusieurs rapports, et qui témoignent de la confiance et

---

[*] Louis XVI, Louis XVIII et Charles X.

de l'affection qu'on portait à Marie, tant à la cour de Saxe qu'à celle de France.

Marie de Silvestre n'usa jamais de l'influence que lui donnait sa position que pour concilier et pour faire le bien.

M. Le Roi, dans sa très-intéressante *Histoire de Versailles*, en parlant de mademoiselle de Silvestre, lectrice de la Dauphine, cite ce passage des mémoires de Goldoni : « Mademoiselle de Silvestre qui savait
« bien l'italien, et qui était foncièrement bonne,
« serviable, obligeante, eut la bonté de s'intéresser
« à moi. Je lui avais parlé de mon attachement pour
« Paris et du regret avec lequel je me voyais forcé
« de l'abandonner ; elle se chargea de parler de
« moi à la cour où je n'étais pas inconnu, et huit jours
« après elle me fit partir pour Versailles. Je m'y
« rends immédiatement ; je descends aux Petites-
« Écuries du Roi, où mademoiselle de Silvestre
« vivait en société avec ses parents, tous employés
« au service de la famille royale. »

Et M. Le Roi ajoute : « Goldoni installé à Ver-
« sailles, mademoiselle de Silvestre s'empressa de
« parler de lui à la Dauphine. Cette princesse, qui avait
« souvent vu représenter à Dresde les pièces de Gol-
« doni, s'y intéressa, et n'ayant pas de place à lui
« donner dans sa maison, parvint à l'attacher au
« service de Mesdames, filles du roi, en qualité de
« lecteur et de maître de langue italienne. Placé
« ainsi à la cour, Goldoni se fixa définitivement en

« France, où il mourut le 8 janvier 1793, âgé de
« quatre-vingt-six ans.

« La bibliothèque de Versailles possède un por-
« trait de Goldoni dessiné par mademoiselle de Sil-
« vestre et donné par Mme André, sa petite-nièce. »

Après que la guerre qui porta la dévastation dans toute la Saxe eut causé la ruine de sa famille, Marie usa du crédit qu'elle avait à la cour et surtout auprès de la Dauphine, pour parer, autant que possible, aux suites de ce terrible événement. Elle parvint à faire entrer au couvent de Saint-Cyr six filles que sa sœur mourante avait amenées de Dresde à Paris ; et elle put soutenir encore le reste de sa nombreuse famille, grâce à son énergie, à son héroïque dévouement, et grâce aussi aux bienfaits du Roi et de la Dauphine. Voici ce que dit le général de Fontenay, envoyé de Saxe à Paris, dans une lettre adressée au comte de Brühl, en date du 24 août 1757 :

« Mademoiselle de Silvestre vient de perdre sa
« sœur qui était arrivée ici mourante. Cette dernière
« lui laisse six filles sur les bras. Elle était déjà
« chargée de l'entretien de son frère[*], de sa belle-
« sœur et de leurs enfants. La mère la plus tendre
« ne pourrait faire plus pour eux qu'elle ne fait. Elle
« se dépouille de tout pour fournir à leurs besoins,

---

[*] Voir aux Documents, dans les *quelques pièces relatives à Louis de Silvestre,* une lettre de François-Charles de Silvestre, fils de Louis, au prince Xavier, administrateur de la Saxe pendant la minorité du jeune électeur Frédéric-Auguste.

« et s'y résigne de la meilleure grâce, sans leur
« faire sentir le prix de ses bienfaits. Il faut assuré-
« ment qu'elle ait la tête bonne pour avoir soutenu
« toutes les peines d'esprit et de corps qu'elle a es-
« suyées. Il est vrai que Mme la Dauphine lui a
« procuré un petit intérêt dans les fermes, mais qui
« n'est pas, à beaucoup près, aussi considérable
« qu'on l'a publié, et dont elle ne pourra jouir que
« dans un an. Cette respectable princesse vient de
« lui écrire la lettre la plus consolante, en lui pro-
« mettant de ne pas l'oublier dans ses détresses.

« DE FONTENAY. »

Marie de Silvestre, qui, depuis l'enfance de la Dauphine, n'avait pas cessé de la suivre et de la servir avec tout le zèle et tout l'attachement d'un cœur dévoué*, ne la quitta que quand ses forces la trahirent, quand l'âge et les infirmités l'obligèrent enfin à demander sa retraite ; et la princesse, sa maîtresse et sa bienfaitrice, lui accorda, à ce moment, d'être remplacée par une de ses nièces dans l'emploi de sa charge.

Marie de Silvestre mourut en 1797, à l'âge de 89 ans. Son portrait a été fait un assez grand nombre de fois ; je citerai particulièrement celui qui a été peint à l'huile par Largillière, qui la re-

---

* Ce dévouement, qui ne s'était jamais démenti, avait semblé grandir encore à mesure que des adversités de tous genres étaient venues remplir d'amertume la vie de cette princesse si courageuse, si résignée et si digne d'un sort heureux.

présente jeune, jusqu'aux genoux, et qui est un chef-d'œuvre; malheureusement il est passé en Angleterre. Un autre, très-belle miniature, également jusqu'aux genoux, et richement étoffé, n'est pas sorti de la famille, et appartient, aujourd'hui, à M. Ravaisson, membre de l'Institut, qui a épousé une petite-nièce de Marie de Silvestre. C'est aussi à M. Ravaisson que je dois la communication de la plupart des lettres autographes écrites par la Dauphine à sa lectrice, Marie de Silvestre, et que j'ai reproduites plus bas.

NICOLAS-CHARLES DE SILVESTRE.

Nicolas-Charles, fils de C. François Silvestre, et neveu du précédent, est né à Versailles le 7 mars 1699, dans le logement qu'habitait son père aux petites écuries du Roi, et dont la famille a conservé la jouissance jusqu'en 1792, pendant près d'un siècle.

Comme on a écrit que Nicolas-Charles était né à Paris, je crois devoir rectifier cette erreur, en transcrivant l'acte suivant, qui est extrait du *registre des baptêmes de l'église Royale et paroissiale de Versailles, diocèse de Paris, pour l'année* 1699. Cet extrait porte:
« L'an mil six cent quatre-vingt-dix-neuf, le hui-
« tième jour de mars, a été baptisé par moy, sous-
« signé, prêtre de la Mission, Nicolas-Charles, né le
« septième des dits mois et an, fils de monsieur
« Charles-François Silvestre, maître à dessiner des
« Princes, et de demoiselle Suzanne Thuret son
« épouse, de cette paroisse, demeurant dans la pe-

« tite écurie du Roy ; le parrain étant monsieur Ni-
« colas Petit, sieur de Logny, et la marraine demoi-
« selle Charlotte Nocret... »

Son père lui enseigna les premiers principes du dessin, pour lequel il montra un goût et une aptitude extraordinaires [*].

Le 5 avril 1717, à l'âge de 18 ans, il épousa Madeleine-Charlotte Lebas, fille de Jean Lebas, « ingénieur des mathématiques de Sa Majesté, » qui demeurait aux galeries du Louvre.

Son mariage devait être naturellement célébré sur la paroisse de la mariée, qui habitait chez son père. A cette occasion, C. François Silvestre vint occuper momentanément son appartement du Louvre, ainsi que le constate le contrat de mariage où il est dit : « Furent présents le sieur N. C. Silvestre, maître
« à dessiner du Roy, fils du sieur C. François Sil-
« vestre, aussi maître à dessiner du Roy, et de défunte
« demoiselle Suzanne Thuret, son épouse, assisté
« dudit sieur F. Silvestre, son père, demeurant *à ce*
« *présent* aux galeries du Louvre, paroisse Saint-
« Germain-l'Auxerrois. »

D'où il suit encore que le brevet de survivance que N. Charles reçut cette même année, comme on l'a vu précédemment, de la charge dont son père était titulaire, l'autorisait à porter, en même temps que ce dernier, le titre de maître à dessiner du Roi.

---

[*] J'ai de lui un dessin à la sanguine représentant une halte militaire, qu'il a fait en 1710, à l'âge de 11 ans, et qui, déjà, est traité avec une hardiesse et une habileté remarquables.

C. François Silvestre laissa les jeunes époux occuper son logement des galeries du Louvre, et retourna à Versailles, où il continua, jusqu'à la fin de sa vie, d'habiter aux petites écuries du Roi. A sa mort, Nicolas-Charles entra en possession de ce logement des petites écuries, tout en conservant son habitation des galeries du Louvre*. Ce qui fait que dans l'inventaire des biens de son père, dressé à Versailles, il est dit au début : « A la requête du sieur Nicolas-« Charles Silvestre, maître à dessiner du Roy et des « pages *demeurant* à Versailles aux petites écuries « du Roy. »

Nicolas-Charles eut trois enfants de Madeleine Lebas : Charles-François, qui naquit aux galeries du Louvre, le 8 août 1718, et qui mourut en bas âge; Jacques-Augustin, né à Paris le 1er août 1719, et Suzanne-Charlotte, qui épousa en 1753 Claude-Luc Gaillande, avocat au parlement (17).

Madeleine Lebas, qui fut première femme de chambre de Madame Élisabeth de France, cultiva les arts avec succès, et donna aussi des leçons de dessin aux Enfants de France **.

N. C. Silvestre conserva toujours, soit comme

---

* Nicolas-Charles de Silvestre, après avoir eu la jouissance du logement de son père, aux galeries du Louvre, devint, à la mort de ce dernier, arrivée le 8 février 1738, possesseur titulaire de ce logement, en vertu d'un brevet en date du 2 mars de la même année 1738. Cette pièce est portée aux Documents.

** Voir, aux Documents, la teneur d'un brevet de pension accordée par le Roi à Augustin-François de Silvestre, petit-fils de N. Charles.

dessinateur, soit comme graveur, une manière large, facile et correcte. C'est ce qu'attestent les dessins qu'il a laissés, et dont je possède un assez grand nombre ; c'est ce qu'on peut voir aussi par ses gravures, à l'eau-forte ou burinées, qui sont traitées avec autant de fermeté que de talent.

Il serait impossible de déterminer avec exactitude les différentes époques où ses ouvrages ont été exécutés ; il est très-peu de pièces, dans son œuvre, qui portent de date.

Sur presque toutes ses planches se trouve son adresse des galeries du Louvre comme lieu de leur débit. Il indique aussi quelquefois, pour le même objet, la demeure de Duchange, graveur célèbre, son contemporain et son ami, qui habitait une maison de la rue Saint-Jacques, où il produisait et vendait ses propres ouvrages.

Amoureux de son art, et ardent au travail, Nicolas-Charles consacrait au dessin et à la gravure presque tous les moments de liberté que lui laissaient ses fonctions de maître à dessiner du Roi, des Princes et des Pages, fonctions que, d'ailleurs, lui aidait à remplir son fils qui, jeune encore, avait obtenu sa survivance dans plusieurs de ses charges.

Il profitait aussi des occasions qu'il pouvait saisir d'augmenter ses collections de tableaux, de dessins et d'estampes, dont il a laissé, à sa mort, une quantité considérable. C'était chez lui une passion à laquelle il savait peu résister, et qu'il contentait autant et plus, quelquefois, que ses ressources ne le lui permettaient. Mais grâce aux libéralités des princes, ses élèves et ses protecteurs, il arrivait toujours à satisfaire ses désirs et sa manie de collectionner.

Il tenait aussi à paraître en présence de ses augustes élèves avec recherche dans ses ajustements. Il serait futile, s'il ne s'agissait pas de donner une idée des goûts et du caractère de cet artiste, de dire ici que, s'il a laissé après lui une riche et nombreuse collection d'objets d'art de tous genres, l'inventaire qui fut dressé après sa mort des effets composant sa garde-robe témoigne des dépenses qu'il faisait pour paraître dignement à la cour, où il passait une partie de son temps, et où il était toujours accueilli par les princes avec une bienveillance marquée.

Il ne paraît pas que Nicolas-Charles ait beaucoup peint ; il est pourtant certain qu'il a manié le pinceau. Son inventaire signale, notamment, un tableau peint par lui, représentant le Parnasse.

Nicolas-Charles fut anobli en même temps que son oncle, Louis de Silvestre, le 10 juillet 1741, par le Roi Auguste III. Il fut reçu à l'Académie de peinture et de sculpture de Paris le 30 septembre 1747.

Son portrait et celui de sa femme, Madeleine Lebas, ont été peints au pastel par Coypel *. Ces portraits, qui sont restés dans la famille, sont remarquables par leur belle exécution. Nicolas-Charles et sa femme y sont représentés très-jeunes, probable-

---

* Et non par de Latour, comme plusieurs personnes l'ont pensé.

ment peu après leur mariage. Je ne pense pas que ces portraits aient jamais été gravés.

Nicolas-Charles de Silvestre habitait communément son logement des galeries du Louvre; mais il occupait aussi, de temps en temps, celui qu'il avait à Versailles, aux petites écuries, selon que les devoirs de sa charge l'y appelaient. Vers 1757, il abandonna, sans retour, ce logement de Versailles, pour en laisser l'entière jouissance à son fils, qui déjà le remplaçait, comme survivancier, dans toutes les charges dont il était titulaire. Il occupa, dès lors, exclusivement son appartement des galeries du Louvre, se faisant un bonheur de passer une partie de l'année dans une maison de campagne qu'il avait au village de Valenton, près Paris. Il finit même par se retirer tout à fait dans cette habitation, où il réunit une grande partie de ses collections, surtout en dessins et en estampes, collections qu'il ne cessa d'augmenter jusqu'à la fin de sa vie.

C'est à Valenton qu'il mourut le 30 avril 1767, âgé de 68 ans. Sa femme lui survécut quelques années.

Pour donner une idée de la passion qu'avait Nicolas-Charles d'acquérir et de collectionner, il suffira de dire que, selon son inventaire, on a trouvé à son logement des galeries du Louvre cent trente tableaux de différents maîtres, beaucoup de dessins capitaux encadrés, et une nombreuse réunion de bronzes, de biscuits, de porcelaines, de médailles, d'émaux et de diverses curiosités artistiques. A Valenton, il n'y avait, selon l'inventaire qui y fut fait, que quatre-vingts tableaux, mais là se trouvait la presque totalité de ses collections de dessins et d'estampes, soit en portefeuilles, soit en volumes composés, en partie, d'œuvres complètes. Quelques objets d'art, peu importants, qu'il avait laissés à Versailles, furent inventoriés à la même époque.

Nicolas-Charles a beaucoup dessiné. Je possède un grand nombre de paysages dessinés par lui qui témoignent de sa fécondité et de sa facilité prodigieuse. Son œuvre, comme graveur, est peu considérable, mais les pièces qu'on connaît de lui et qui sont répandues dans le commerce font regretter qu'il n'ait pas gravé davantage. C'est, au reste, l'opinion de Mariette qui l'a connu, et qui s'exprime ainsi sur son compte : « Il était fait pour être graveur. Ce qu'il « nous a donné dans ce genre fait regretter qu'il « n'ait pas manié plus souvent la pointe. La sienne « était fort spirituelle. »

Il y a lieu de s'étonner que Nicolas-Charles n'ait pas gravé de paysages, lui qui en a dessiné un si grand nombre, et qui, dans ses planches à sujets, les a traités avec tant d'intelligence et d'habileté.

Je terminerai en citant les pièces qui, à ma connaissance, ont été gravées par lui d'après différents maîtres.

D'après F. Lemoine *.

— Enfants jouant avec les armes d'Hercule.

---

* François Lemoine, peintre, né en 1688, mort en 1737.

0ᵐ,182 — 0ᵐ,143.

Au bas de la planche, à gauche, on lit : *Sur l'esquisse peinte par F. Lemoine,* et à droite : *gravé par N. Silvestre le fils.* Plus bas se trouve une dédicace au Roi par N. Silvestre.

Il existe un autre état de cette planche où, au-dessous des mots : *gravé par N. Silvestre le fils,* on lit : se vend chez l'auteur, et chez Duchange, rue Saint-Jacques, C. P. R.

— **Enfants jouant avec les armes de Mars.**

0ᵐ,170—0ᵐ,152.

Cette pièce est entourée d'un encadrement ornementé aux quatre coins. Au-dessous du cadre, à gauche, on lit : *F. Lemoine pinx.,* et à droite, *N. Silvestre fils sculp.*

— **Enfants tirant des flèches contre un bouclier suspendu à un arbre.**

{0ᵐ,170—0ᵐ,152.

Cette pièce fait le pendant de la précédente, avec ces mêmes indications : *F. Lemoine pinx.* et *N. Silvestre fils sculp.*

— **Projet d'un plafond qui devait être exécuté dans la grande galerie de la banque, à Paris. Peint par Lemoyne.**

0ᵐ,74—0ᵐ,34.

Grande pièce gravée à l'eau-forte, avec cette indication : *Inventé et peint par François Le Moyne, et gravé par Nic. Charles Silvestre.*

Il y a de cette pièce un premier état avant toutes lettres.

— **Ubalde et le chevalier Danois vont chercher Renaud enchanté dans le palais d'Armide.**

0^m,48—0^m,32.

Pièce qui porte une dédicace, en latin, à D. D. Marchioni de Beringen, par Nicolaus Silvestre, delineator regius. Au bas de la planche, à gauche, on lit : *F. le Moyne pinx.*, et à droite, *N. Silvestre le fils sculp.*

D'après les Coypel.

— **Deux enfants ailés tiennent un bélier renversé.**

Cette scène est représentée dans un cartouche enrichi de guirlandes de feuillage, et destinée probablement, d'après sa forme triangulaire, à faire partie de l'ornementation d'un plafond. Au bas du sujet, à gauche, se trouve écrit : *A. Coypel invenit*, et à droite, *N. Silvestre fecit.* Ces deux indications sont tracées, à la pointe courante, en bas et sur le fond même du sujet.

— **Le bachelier Sanson Carusco, sous le nom du chevalier des Miroirs, est vaincu par Don Quichotte.**

0^m,29—0^m,26.

avec l'indication : *Ch. Coypel pinx* * et *Silvestre sculp*.

---

* Antoine Coypel, né en 1661, mort en 1722.
Charles Coypel, fils du précédent, né en 1694, mort en 1752.

J'ai une belle contre-épreuve de l'eau-forte de cette pièce.

D'après J. B. Oudry *.

— La prise du Cerf.

0ᵐ,54—0ᵐ,36.

avec la dédicace : « A messire Louis Fagon, par J. B. Oudry. » Au bas de l'estampe, à gauche, on lit : *J. B. Oudry pinx.*, et à droite : *N. C. Silvestre sculp.*

Je possède une très-belle eau-forte avant la lettre de cette pièce.

D'après J. du Mont le Romain.

— La fileuse.

0ᵐ,30—0ᵐ,24.

avec une description du sujet en six vers français. Au bas de la planche se trouve : *J. du Mont le Rom. pinx.* et *N. C. Silvestre sculp.*

Cette pièce est une des meilleures de N. C. de Silvestre. Elle existe aussi à l'état d'eau-forte dans la collection de Baudicour.

— Eau-forte représentant une jeune femme assise à terre et vue de profil.

---

* Jean-Baptiste Oudry, né en 1680, mort en 1755.

0^m,250—0^m,1,750.

Cette jolie pièce, qui rappelle la manière de Watteau, porte seulement pour signature, et sur le fond même de la planche : *Silvestre F.;* mais, à l'examen, on retrouve aisément la touche et toutes les qualités de son véritable auteur, Nicolas-Charles.

Je n'ai encore vu cette eau-forte que dans la collection de M. de Baudicour.

SUZANNE SILVESTRE.

Suzanne Silvestre, sœur aînée de Nicolas-Charles, naquit aux galeries du Louvre le 14 juillet 1694.

Dès son enfance, elle montra les plus grandes dispositions pour les arts, surtout pour le dessin et pour la gravure; et son père, heureux de cette vocation, l'encouragea et la soutint, autant qu'il le put, de ses conseils et de ses leçons.

On a de la première jeunesse de Suzanne une pièce gravée, la tête de Cornelissen, d'après Van Dyck, qui, bien que n'indiquant pas encore une main très-exercée, laisse prévoir déjà, par son exécution facile et hardie, l'avenir de la jeune artiste. Elle fit cette figure en 1709, à l'âge de 15 ans.

On peut juger de la rapidité de ses progrès par les trois portraits qu'elle a gravés un an plus tard, en 1710 : celui de Jean Snellinck, d'après Van Dyck; celui de Jacques Thuret, son oncle, d'après Vivien, et celui de Snyders, peintre d'Anvers, d'après Van

Dyck. Ces diverses pièces, qui sont déjà exécutées par une main habile, commencèrent la réputation de la jeune artiste.

A partir de ce moment, Suzanne se fit dans les arts un nom qu'elle soutint dignement, jusqu'à ce qu'elle en vint à prendre un rang distingué parmi les bons graveurs de son temps.

Elle épousa, le 7 février 1713, à l'âge de 18 ans et demi*, Jean-Baptiste Le Moyne**, de l'Académie de peinture et de sculpture. Quatre ans après, en 1717, elle assistait avec son mari, comme témoins, à la signature du contrat du mariage de son frère, N. Ch. de Silvestre***.

Je ne pourrais aussi indiquer qu'approximativement l'année de sa mort, qui eut lieu dans un âge peu avancé. L'inventaire des biens de son père, François Silvestre, qui date de 1738, nomme Nicolas-Charles Silvestre et Marie-Renée Le Moine, fille mineure de Suzanne Silvestre, comme seuls appelés à partager par moitié la succession du défunt****. Suzanne n'existait donc plus à cette époque. On est,

---

* Voir l'acte de mariage aux Documents.
** Jean-Baptiste Le Moine, sculpteur du Roi, né en 1683 et mort en 1731, était le second fils de Jean Lemoine, peintre ornemaniste de l'Académie royale de peinture et de sculpture, mort en 1713; et il fut oncle de Jean-Baptiste Le Moine, sculpteur du Roi, également de l'Académie royale de peinture et de sculpture. Ce dernier épousa Marie-Catherine Marteau, dont le nom figure comme celui de Lemoyne dans les actes de la famille Silvestre.
*** Voir aux Documents.
**** Voir l'extrait de l'inventaire de C. F. Silvestre.

par conséquent, assuré qu'elle était morte avant l'âge de 43 ans.

Quant à Jean-Baptiste Le Moine, le père de l'enfant, il n'existait plus depuis 1731.

Je ne connais ni peinture, ni dessins de la main de Suzanne Silvestre. Ses ouvrages gravés, qui ont fait sa réputation, sont recherchés par les connaisseurs et se trouvent dans les meilleures collections. Je citerai ceux qui me sont connus, qui ont été gravés d'après différents maîtres, et que je possède en grande partie.

D'après Van Dyck.

Portrait de Lumague, banquier, peint à Gênes par Van Dyck.

Ant. Van Dick Eques pinxit. Suzanne Silvestre sculpsit.

0^m,236—0^m,198.

Portrait d'Antoine Cornelissen.

Ant. Van Dick pinx. Suzanne Silvestre sculp. ætatis suæ 16. an. 1709.

0^m,287—0^m,248.

Portrait de Carolus Mallery, calcographus Antverpiæ.

Ant. Van Dick pinx. Suzanna Silvestre sculp.

0^m,230—0^m,189.

Portrait de Joannes Snellinck.

Tête plus forte que nature.
A. Van Dick pinx. Suzanna Silvestre sculp.

0ᵐ,363—0ᵐ,262.

Portrait de Van Dyck.

Peint par lui-même et gravé par Suzanne Silvestre.

0ᵐ,233—0ᵐ,185.

Portrait de Snyders, peintre d'Anvers.

A. Van Dick pinx. Suzanne Silvestre sculp. ætatis suæ 16. 1710.

0ᵐ,280 — 0ᵐ,185.

Portrait de don Alvar. Bazan.

Plus fort que nature.
Ant. Van Dick pinx. Suzanne Silvestre sculp.

0ᵐ,378 — 0ᵐ,256.

Portrait de Franciscus de Moncada, marquis d'Aytone et comte d'Ossun.

D. A. Van Dick pinx. Suzanna Silvestre sculp.

0ᵐ,285—0ᵐ,142.

Portrait de Charles Iᵉʳ, roi d'Angleterre*.

---

* Je n'ai pas encore rencontré ce portrait, non plus que les quatre suivants. M. Meaume, qui les connait, les cite dans ses *Re-*

Portrait de John Smith, graveur en manière noire.

Une tête d'homme riant.

Une autre tête, personnage inconnu.

D'après Rubens.

Portrait de Ferdinand, cardinal, infant d'Espagne.

Portrait de l'archiduc Albert, gouverneur des Pays-Bas.

P. Rubens pinx. Suzanna Silvestre sculp.

0ᵐ,245—0ᵐ,185.

D'après différents maîtres.

Portrait de Jean Nocret, peintre du roi.

Johannes Nocret seipsum pinx. Suzanna Silvestre sculp.

0ᵐ,270—0ᵐ,215.

Portrait de messire Jean Delpech, marquis de Mereville, conseiller au Parlement.

N. de Largillière pinx. Suzanna Silvestre Le Moine sculp.

0ᵐ,50 — 0ᵐ,34.

Portrait de Jean Berrain, dessinateur de la chambre du Roi, peintre d'ornements.

cherches sur quelques artistes lorrains. Je les ai mentionnés d'après lui.

J. Vivien pinx. Suzanna Silvestre effigies sculp. an. 1711. Cl. Duflos sculp. 1709.

$0^m,41 - 0^m,29$.

Portrait de Jacques Thuret, oncle de l'artiste.

On lit au bas de l'estampe : *Avunculo charrissimo D. Jacobo Thuret gratitudinis et observantiæ pignus, laboris primitias, ejus effigiem ære a se incisam dicat et consecrat Susanna Silvestre.* 1710.

Et plus bas, à gauche : Vivien pinxit.

$0^m,250 - 0^m,190$.

La Danse, pastorale.

N. Lancret pinx. Suzanna Silvestre sculp.

$0^m,315 - 0^m,274$.

La Musique, pastorale.

N. Lancret pinx. S. Silvestre sculp.

$0^m,310 - 0^m,245$.

Le Berger inconstant, pastorale.

N. Lancret pinx. S. Silvestre sculp.

$0^m,360 - 0^m,266$.

La Bergère jalouse, pastorale.

N. Lancret pinx. S. Silvestre sculp.

$0^m,353 - 0^m,270$.

Le portrait du Dauphin, duc de Bourgogne.

Hyacinthus Rigaud pinx. Suzanna Silvestre le Moine sculp.

0^m,420 — 0^m,334.

Il existe cinq états de cette pièce ; le premier est sans bordure, sans aucune lettre, et paraît un travail d'essai. Le second est une pièce terminée et avant toute lettre. Le troisième avec la dédicace, en latin, que Fr. Silvestre, père de Suzanne, fit au duc de Berry du portrait de son frère le duc de Bourgogne. Le quatrième qui est le précédent avec l'adresse : *A Paris, chez Gontrot, sur le quay de la Mégisserie, à la Ville de Rome*. Enfin le cinquième, avec l'adresse de *Bligny, lancier du Roy, marchand d'estampes, peintre doreur et vitrier, cour du Manége aux Thuilleries;* avec les mots suivants écrits au-dessous de la dédicace, à gauche ; *Charles, duc de Bourgogne, père de Louis XV, ayeul de Louis XVI*.

Les mémoires inédits sur la vie et les ouvrages des membres de l'Académie de peinture et de sculpture mentionnent, dans le catalogue des ouvrages d'Hyacinthe Rigaud, ce dernier portrait du duc de Bourgogne, comme ayant été peint en 1703, et gravé par Suzanne en 1707. C'est évidemment une erreur, puisque Suzanne Silvestre, née en 1694, n'aurait eu alors que 13 ans, et qu'il est certain que, malgré son talent précoce, elle n'a pu exécuter, à cet âge, un de ses meilleurs ouvrages. Elle aurait même été mariée avant l'âge de 13 ans, puisque la planche porte la signature de *Suzanne Silvestre, femme Le Moine*.

C'est en 1717 que ce portrait du duc de Bourgogne, petit-fils de Louis XIV, a été gravé par Suzanne; elle avait alors 23 ans.

J'ai à signaler aussi une double erreur qui a été de considérer le précédent portrait, gravé par Suzanne en 1717, comme étant celui du duc de Bourgogne, Charles le Téméraire, et d'en attribuer la peinture à Ch. Le Brun. Je ne sais si Le Brun a jamais peint le portrait de Charles le Téméraire, mais il est certain qu'il n'aurait pas été gravé par Suzanne Silvestre, en 1717, à la même date que celui du Dauphin peint par Hyacinthe Rigaud.

JACQUES-AUGUSTIN DE SILVESTRE.

Jacques-Augustin, fils de Nicolas-Charles de Silvestre, et de Magdeleine Le Bas (18), naquit à Paris, aux galeries du Louvre, le 1er août 1719. Destiné à suivre la carrière de ses ancêtres, il reçut, encore enfant, les premières leçons de son père; et il fit, sous cette habile direction, de tels progrès, que Nicolas-Charles le jugea capable, à l'âge de 15 ans, de le remplacer comme maître à dessiner des pages de la petite écurie du Roi.

Son père obtint successivement pour lui la survivance de ses charges. Jacques-Augustin finit même par les remplir toutes du vivant de son père dont la santé devenait, avec le temps, de plus en plus languissante.

Ses fonctions de maître à dessiner, en survivance, des Enfants de France, le retenaient souvent à Versailles; mais il n'y demeurait pas chez son père, aux petites écuries ; il occupait un logement situé rue du Vieux-Versailles.

C'est dans cette ville qu'il épousa, en avril 1751, Anne-Marie Besnard, fille majeure de Jean-Baptiste Besnard, écuyer de la bouche du Roi. Son contrat de mariage le désigne comme étant, à ce moment, « *maître à dessiner non en charge des Enfants de « France, fils majeur de sieur Nicolas-Charles Sil-« vestre, maître à dessiner du Roy, et demeurant en « cette ville, rüe du Vieux-Versailles, paroisse Saint-« Loüis.* »

Sa femme mourut, sans lui laisser d'enfants, le 22 janvier 1755. Au moment de cette mort, Jacques-Augustin était à Rome, où il s'était rendu, deux ans auparavant, avec la permission du Roi, autant par raison de santé que pour s'y perfectionner par l'étude des grands maîtres.

En apprenant la mort de sa femme, il se prépara à quitter l'Italie et à revenir en France, mais la liquidation de la succession d'Anne Besnard ayant eu lieu avant son retour, en mars 1755, il dut envoyer à son père, Nicolas-Charles, une procuration générale à l'effet de le représenter.

« A son retour de Rome*, M. de Silvestre fut « reçu avec beaucoup de bienveillance par ses au-« gustes élèves, alors devenus ses protecteurs, et fut « près d'eux le conseil et l'arbitre de toutes les déci-

---

* Je laisse parler ici M. Regnault-Delalande qui, en 1811, a rédigé la notice biographique annexée au catalogue du cabinet de J. A. de Silvestre, lors de la vente qui fut faite de ce cabinet.

« sions relatives aux objets d'art. Son caractère de
« franchise et d'impartialité bien connu rendait tou-
« jours son avis d'un grand poids, ne désignant pour
« les travaux à faire que des hommes d'un vrai ta-
« lent; les Princes lui eurent l'obligation de ne les
« accorder qu'au mérite réel. S'il profita de sa faveur,
« ce ne fut que pour faire apprécier les artistes ha-
« biles. Il donna l'exemple, trop rare à la Cour,
« de l'homme en place qui n'emploie son crédit que
« pour la gloire des protecteurs et l'avantage des
« protégés. »

En 1757, J. Augustin de Silvestre épousa, en secondes noces, à Paris, Marie-Louise Haudigué, fille de Charles-Jean Haudigué, conseiller du Roi, président en sa cour des monnaies. Il dut venir se marier à Paris, où demeurait la famille de sa fiancée. Il est probable que c'est à cette époque que son père lui céda son logement aux petites écuries du Roi. Le contrat de ce second mariage débute ainsi :

« Par devant les Conseillers du Roi, notaires au
« Chatelet de Paris, soussignés, furent présens sieur
« Jacques-Augustin Silvestre, maître à dessiner des
« Enfants de France, fils majeur de sieur Nicolas-
« Charles-Silvestre, maître à dessiner du Roi, et de
« demoiselle Madelaine-Charlotte Le Bas, son
« épouse, ses père et mère à ce présens, demeurant,
« ainsy que le dit sieur leur fils, à Versailles, étant
« ce jour à Paris, ledit sieur Jacques-Augustin Sil-
« vestre, veuf, sans enfans, de demoiselle Marie-

« Anne Besnard, stipulant pour lui et en son son
« nom d'une part ;

« Et messire Charles-Jean Haudigué, conseiller
« du Roi, président en sa Cour des monnaies, et
« dame Louise-Bonne Thurel, son épouse, qu'il
« autorise. Stipulans pour demoiselle Marie-Louise
« Haudigué, leur fille mineure, à ce présente et de
« son consentement, demeurant les dits sieur et dame
« Haudigué et la ditte demoiselle leur fille, cul-de-
« sac Saint-Thomas-du-Louvre, paroisse Saint-Ger-
« main-l'Auxerrois, d'autre part ;

« Lesquels, au sujet du mariage qui sera inces-
« samment célébré entre le dit sieur Silvestre et la
« ditte demoiselle Haudigué sont convenus de ce qui
« suit en présence de leurs parents et amis cy-après
« nommés, sçavoir, de la part du futur époux : de
« sieur Claude-Luc Gaillande, officier de madame
« la Dauphine, beau-frère à cause de demoiselle
« Charlotte-Suzanne Silvestre, son épouse; messire
« Jean-Baptiste Bonneval, écuyer, inspecteur géné-
« ral des manufactures du Royaume, beau-frère à
« cause de dame Marie-Marthe Besnard, sa femme,
« sœur de la première femme du futur ; sieur Louis
« Silvestre, premier peintre du Roy de Pologne, di-
« recteur de l'Académie de peinture, à Dresde, grand-
« oncle ; François-Charles Silvestre, vice-directeur
« du Roy de Pologne, oncle à la mode de Bretagne ;
« Marie-Louise Silvestre, lectrice de madame la Dau-
« phine, tante à la mode de Bretagne ; Louis-Fran-
« çois-Marie Silvestre, cousin issu de germains ;

« Claude Le Bas, mathématicien du Roy, oncle ma-
« ternel; demoiselle Marie-Catherine Lebas, cou-
« sine; demoiselle Marie-Anne Chiffeul Des Barres,
« fille majeure; Gaspard-François Fontenay, géné-
« ral major au service du Roy de Pologne; demoi-
« selle Sophie de Beaunoist; M. Prudent Havin,
« premier chirurgien de madame la Dauphine, et
« demoiselle Jeanne-Marie Nicolle, son épouse, de-
« moiselle Jeanne Morlat, tous amis et amies. »

Cette union, comme la première, ne fut pas de longue durée; Marie Haudigué mourut, également sans enfants, après trois années de mariage.

Ce qui rendit encore plus vifs les regrets que causa cette perte à J. Augustin de Silvestre, ce fut de voir que, jouissant d'une honorable aisance; favorisé de la confiance des Princes et d'une bienveillance toute particulière de leur part; aimé et estimé des personnages les plus distingués à la Cour et dans les arts; enfin riche de cette considération générale que lui avaient méritée et attirée ses talents et l'aménité de son caractère, il ne pouvait laisser à un fils ce précieux héritage.

Aussi, pressé de toutes parts, et cédant aux instances de sa famille et de ses amis, il se décida à se créer de nouveau un intérieur que sa santé délicate lui rendait, d'ailleurs, nécessaire. C'est ainsi qu'il épousa, à Versailles, le 7 février 1762, Anne-Françoise-Louise Férès, fille du sieur François Férès, gouverneur de M. le marquis de Saint-Mégrin, et Jacques-Augustin eut le bonheur d'avoir un fils qui naquit le 7 décembre de la même année. Louise Férès lui donna encore une fille en 1764, et mourut, un mois après, des suites de cette seconde couche *.

Jacques-Augustin de Silvestre avait été nommé, vers 1760, porte-arquebuse de messeigneurs le duc de Berry et le comte de Provence, et il garda, plus tard, le titre de porte-arquebuse du Dauphin. C'est ce titre, avec ceux d'écuyer et de maître à dessiner des Enfants de France, qu'il consigne, en 1762, dans son contrat de mariage avec Louise Férès, et, en 1767, dans l'inventaire de son père, Nicolas-Charles Silvestre **.

Jacques-Augustin Silvestre reçut, en 1775, de Louis XVI, des lettres de noblesse; c'était l'année même du sacre du Roi. Quelques années après, il fut nommé chevalier de l'ordre de Saint-Michel; il est désigné avec ce titre dans l'inventaire de François Férès, son beau-père, mort en 1787. Cet inventaire commence ainsi : « A la requête de monsieur Jac-
« ques-Augustin Silvestre, écuyer, chevalier de l'or-
« dre de Saint-Michel, maître à dessiner du Roi et
« des Enfants de France, demeurant... »

Jacques-Augustin de Silvestre n'a jamais fait partie, comme ses pères, de l'Académie de peinture et de sculpture. Il n'a guère peint que dans sa jeunesse, et il n'a laissé, comme peinture, rien de remarquable. Mais il a considérablement dessiné, et ce

* Voir aux Documents.
** Voir l'extrait de cet inventaire aux Documents.

sont ses travaux en ce genre qui ont surtout fondé et affermi sa réputation de maître habile.

Il avait hérité de sa famille un grand amour pour les arts dont il jugeait et appréciait les produits en profond connaisseur. Il a laissé un beau cabinet formé des œuvres qu'il tenait de ses pères, et qu'il n'avait pas cessé, lui-même, d'augmenter pendant le cours de sa longue vie, surtout en dessins et en estampes. Malheureusement, ce riche cabinet a été, en grande partie, dispersé à sa mort.

Pendant les premiers temps de la tourmente révolutionnaire, Jacques-Augustin resta à Versailles dans son logement des petites écuries du Roi. Il y était encore, en 1789, au moment où la famille royale étant déjà, en partie, émigrée, le Roi fut entraîné à Paris. Il ne vint occuper le logement qu'il avait aux galeries du Louvre qu'après la mort du Roi, en 1793, ayant perdu ses places, ses pensions, et en voyant s'évanouir toutes les espérances dont il s'était flatté au sujet de l'avenir de son fils.

Les artistes qui avaient reçu des logements au Louvre purent continuer à les occuper jusqu'en 1805, époque à laquelle il fut décidé que les réparations et les divers travaux du Louvre, commencés en 1800, sous le consulat, seraient continués.

Jacques-Augustin, alors âgé de 86 ans, vint habiter, avec sa famille, un appartement dans l'hôtel de La Rochefoucauld, démoli depuis, en 1825, pour faire place à la rue des Beaux-Arts. C'est dans cet hôtel qu'il mourut, en 1809, à l'âge de 90 ans.

Il a été fait plusieurs portraits de Jacques-Augustin de Silvestre; Aubry* en a fait un à l'huile, en 1770, qu'il a ensuite reproduit au pastel. Un autre a été peint également à l'huile par Regnault** vers 1800. Ce portrait est, quant à la ressemblance, à l'exécution et au coloris, un des plus beaux morceaux de cet habile maître. Jacques-Augustin avait alors 80 ans environ.

Il existe aussi un petit portrait de Jacques-Augustin de Silvestre, gravé au physionotrace, dont la planche est entre mes mains.

* Étienne Aubry, né à Versailles, en 1745, fut d'abord élève de J. A. de Silvestre, maître à dessiner des Enfants de France, qui le protégeait et lui portait un vif intérêt. Il passa ensuite dans l'atelier de Vien dont il fut un des meilleurs élèves. Il est connu par un assez grand nombre de tableaux, dont plusieurs sont d'une composition spirituelle et gracieuse, et qui ont été gravés par d'excellents artistes. Peintre du Roi et membre de l'Académie de peinture, il mourut à Versailles, à son retour de Rome en 1781, à l'âge de 36 ans.

** J. B. Regnault, peintre du Roi, membre de l'Institut, né en 1754, mort en 1829.

AUGUSTIN-FRANÇOIS DE SILVESTRE.

Augustin-François de Silvestre, fils du précédent, est né à Versailles le 7 décembre 1762. Son père, qui n'avait pas d'autre ambition que celle de lui laisser, par la suite, tous ses emplois, le dirigea avec un soin tout particulier dans la carrière des beaux-arts. A peine le jeune Augustin-François eut-il quatorze ans, qu'il fut jugé par son père en état d'aller à Rome pour s'y livrer à l'étude des grands maîtres. C'est alors qu'il fut confié, en 1777, à E. Aubry, peintre du Roi, ami de son père, lequel partait pour l'Italie, et qui fut chargé de l'éducation artistique du jeune de Silvestre pendant son séjour à Rome (19).

Cette même année 1777, Jacques-Augustin de Silvestre obtint, pour son fils, la survivance de sa charge de maître à dessiner des Enfants de France.

Mais les belles espérances dont s'était si longtemps bercé le père du jeune Augustin-François ne devaient pas se réaliser. Deux causes fatales vinrent successivement les renverser sans retour. D'une part, ce fut l'insistance que mit auprès du Roi la princesse de Guéménée *, à l'effet d'obtenir, pour son protégé, M. de Blaremberg **, la place en survivance, de maître à dessiner des Enfants de France, faveur qu'elle finit par emporter (20). D'autre part l'espoir qu'aurait pu conserver le jeune de Silvestre de rentrer, quelque jour, dans ses droits fut comme perdu sans ressources à cause de la Révolution qui, en anéantissant la Royauté, ne lui permit plus de chercher, dans l'exercice des beaux-arts, l'avenir que son père avait rêvé pour lui.

A la nouvelle de la perte de son titre de maître à dessiner des Enfants de France, en survivance de son père, Augustin-François de Silvestre était revenu de Rome avec Aubry, en 1780 (21), après trois années d'absence ***. Son grand-père maternel, François Férès, alors lecteur et bibliothécaire de Monsieur, frère du Roi ****, obtint l'adjonction à cet emploi et

---

* La princesse de Guéménée, alors gouvernante des Enfants de France, était fille du duc de Bouillon, et femme de Jules-Hercule-Mériadec, prince de Rohan Guéménée. Elle fut une des illustres et malheureuses victimes qui périrent sur l'échafaud révolutionnaire en 1793.

** M. de Blaremberg était peintre de marine et dessinateur habile. Il ne put jouir des avantages de cette survivance, J. A. de Silvestre étant resté titulaire de la charge jusqu'à la chute de la monarchie.

*** A cette époque de 1780, il fut nommé chevalier de l'ordre de Saint-Lazare qui fut aboli en 1830.

**** Comte de Provence, depuis Louis XVIII.

AUGUSTIN-FRANÇOIS DE SILVESTRE.

Augustin-François de Silvestre, fils du précédent, est né à Versailles le 7 décembre 1762. Son père, qui n'avait pas d'autre ambition que celle de lui laisser, par la suite, tous ses emplois, le dirigea avec un soin tout particulier dans la carrière des beaux-arts. A peine le jeune Augustin-François eut-il quatorze ans, qu'il fut jugé par son père en état d'aller à Rome pour s'y livrer à l'étude des grands maîtres. C'est alors qu'il fut confié, en 1777, à E. Aubry, peintre du Roi, ami de son père, lequel partait pour l'Italie, et qui fut chargé de l'éducation artistique du jeune de Silvestre pendant son séjour à Rome (19).

Cette même année 1777, Jacques-Augustin de Silvestre obtint, pour son fils, la survivance de sa charge de maître à dessiner des Enfants de France.

Mais les belles espérances dont s'était si longtemps bercé le père du jeune Augustin-François ne devaient pas se réaliser. Deux causes fatales vinrent successivement les renverser sans retour. D'une part, ce fut l'insistance que mit auprès du Roi la princesse de Guéménée*, à l'effet d'obtenir, pour son protégé, M. de Blaremberg**, la place en survivance, de maître à dessiner des Enfants de France, faveur qu'elle finit par emporter (20). D'autre part l'espoir qu'aurait pu conserver le jeune de Silvestre de rentrer, quelque jour, dans ses droits fut comme perdu sans ressources à cause de la Révolution qui, en anéantissant la Royauté, ne lui permit plus de chercher, dans l'exercice des beaux-arts, l'avenir que son père avait rêvé pour lui.

A la nouvelle de la perte de son titre de maître à dessiner des Enfants de France, en survivance de son père, Augustin-François de Silvestre était revenu de Rome avec Aubry, en 1780 (21), après trois années d'absence***. Son grand-père maternel, François Férès, alors lecteur et bibliothécaire de Monsieur, frère du Roi****, obtint l'adjonction à cet emploi et

---

* La princesse de Guéménée, alors gouvernante des Enfants de France, était fille du duc de Bouillon, et femme de Jules-Hercule-Mériadec, prince de Rohan Guéménée. Elle fut une des illustres et malheureuses victimes qui périrent sur l'échafaud révolutionnaire en 1793.

** M. de Blaremberg était peintre de marine et dessinateur habile. Il ne put jouir des avantages de cette survivance, J. A. de Silvestre étant resté titulaire de la charge jusqu'à la chute de la monarchie.

*** A cette époque de 1780, il fut nommé chevalier de l'ordre de Saint-Lazare qui fut aboli en 1830.

**** Comte de Provence, depuis Louis XVIII.

sa survivance pour son petit-fils, qui garda ce titre jusqu'en 1791. Le brevet se trouve aux documents.

A partir de cette époque de bouleversement, A. F. de Silvestre renonça pour toujours à ses anciennes espérances, et, tout en conservant ce goût inné qu'il avait pour les beaux-arts et pour les collections des œuvres qui s'y rattachent, il se livra avec ardeur à l'étude de la littérature et des sciences, surtout des sciences naturelles.

Il se maria en 1793 avec Louise-Constance Garre, qui lui donna trois enfants, tous nés aux galeries du Louvre, et dont deux, un fils et une fille, sont aujourd'hui vivants.

Augustin-François de Silvestre fit successivement partie de toutes les principales sociétés savantes de France et de l'étranger. En 1806, il fut reçu membre de l'Institut. Auteur d'une série de mémoires et d'ouvrages utiles sur les sciences, sur l'économie publique, sur l'agriculture et sur les arts, il fut appelé à divers emplois administratifs.

A l'époque de la Restauration (1814), Louis XVIII le nomma son lecteur-bibliothécaire, et, en 1821, le fit membre de la Légion d'honneur. Charles X, qui le maintint dans son emploi, lui conféra, en 1826, le titre héréditaire de baron.

A. F. de Silvestre, depuis la mort de son père, avait continué d'habiter l'hôtel de La Rochefoucauld, qu'il dut quitter en 1825 pour cause de démolition. Il alla occuper un logement rue Taranne, où il demeura jusqu'en juin 1844, époque à laquelle il alla se fixer rue Saint-Benoît. C'est là qu'il termina, le 4 août 1851, à l'âge de 89 ans, cette longue carrière employée tout entière à travailler et à faire le bien.

On connaît plusieurs portraits de A. F. de Silvestre. Paulin Guérin en a fait un à l'huile qui a été très-remarqué à l'exposition de 1832. Jean Noël*, peintre de marine, élève de Nicolas-Charles et de Jacques-Augustin de Silvestre, en a fait deux autres au pastel qui le représentent, l'un, enfant, et l'autre, jeune homme. Il en existe un quatrième, vu de profil, qui a été gravé au physionotrace par Gratien, d'après un dessin de Fouquet. Enfin, on le trouve dans la collection des portraits des membres de l'Institut de France, lithographiée par Bailly en 1823. La planche porte l'indication : *Silvestre (Augustin François de) chevalier des ordres de la Légion d'honneur et de Saint-Lazarre.* Ce portrait laisse à désirer au point de vue de l'exécution et de la ressemblance, comme tant d'autres de la collection.

Augustin-François de Silvestre a conservé toute sa vie un tel amour pour les beaux-arts, il avait des connaissances si approfondies et un jugement si éclairé sur tout ce qui s'y rattache ; il a réuni, au cabinet qui lui venait en grande partie de ses pères, tant de matériaux nouveaux et importants en ta-

---

* Né en 1752 à Brie-Comte-Robert. Mort à Paris en 1834.

bleaux, en dessins et en estampes, que j'ai cru devoir clore par lui cette série d'artistes qui ont, sans interruption, porté honorablement le nom de Silvestre pendant plus de deux siècles (22).

NOTES.

(1) L'ouvrage le plus important et le plus complet qui ait été fait sur Israël Silvestre est, sans contredit, le catalogue de son œuvre, précédé d'une vie de l'artiste, par M. Faucheux. Ce livre a été reçu par le public avec un empressement mérité. Malheureusement, l'édition a été épuisée en très-peu de temps; il serait à désirer que M. Faucheux en fit paraître une nouvelle, et qu'il fit dans la partie biographique de son travail quelques légères corrections que la présente notice lui rendrait faciles.

(2) Il est vrai que la branche de la famille qui, à sa sortie d'Écosse, était allée se fixer en Bourgogne, n'a laissé depuis, parmi nous, aucun indice de son existence. Moreri et, après lui, plusieurs biographes ont écrit que la trace s'en était perdue. Je crois, néanmoins, qu'un Silvestre (Israël), graveur qui florissait à Anvers, en 1542, faisait partie de cette branche. Nagler qui a parlé de cet artiste dans le XVIe volume de son grand *Dictionnaire des Arts*, où l'article Silvestre est longuement traité, semble craindre d'admettre cette opinion, par la raison que la seconde branche de la famille s'était établie en Bourgogne et non à Anvers. Mais il

faut se rappeler que, à la fin du xv⁰ siècle, la Belgique était comprise dans les vastes États de Bourgogne, et que quand, après la mort du dernier duc, cette province devint allemande [*], elle conserva encore longtemps la dénomination de Cercle de Bourgogne.

J'ajouterai que notre famille n'a jamais eu connaissance d'aucun de ses membres, portant le nom de Silvestre, qui se soit établi dans la province française connue aujourd'hui sous le nom de Bourgogne. Il est donc vraisemblable que ce Silvestre (Israël) d'Anvers appartenait à la branche dont on a dit la trace perdue, et qui était allée se fixer en Bourgogne après avoir quitté l'Écosse.

Cet artiste a gravé un assez grand nombre de portraits dont les principaux ou les plus connus sont :

1° *Vrouve Maria Coninghinne van Hongherien, est fille de Philippus Coninck van Castilien (Reine de Hongrie, est fille de Philippé, Roi de Castille) vuc de face ;*

2° *Madame Maria, Reine de Hongrie, à cheval, surmontée de ses armoiries ;*

3° *Henricus VI. D. Gods ghenade Coninck van Enghodant, van Yvranckryk; debout. 1536 (par la grâce de Dieu, Roi d'Angleterre et de France) ;*

4° *Johannes Rex Portugalis, Arabie, Perse, Indes; à cheval (avec le monogramme) ;*

5° *Martin de Ross, seigneur de Peropen, à cheval (avec.... cuirasse et lance).*

D'après Nagler, Silvestre (Israël), qui travaillait à Anvers, aurait été connu sous le nom de Silvestre (Israël) de Paris. Il est vrai que les indications de ses planches, qui sont, comme on peut le voir, un mélange de flamand, de latin et

---

[*] Vers le milieu du xv⁰ siècle, Philippe le Bon, duc de Bourgogne, devint possesseur de la Belgique; et ce fut à l'époque où Marie de Bourgogne, fille de Charles le Téméraire, épousa, en 1447, l'archiduc Maximilien d'Autriche, que cette province devint allemande, sous la dénomination de Cercle Bourgogne.

de français, annoncent chez l'artiste une certaine connaissance de notre langue, mais sans prouver en aucune manière qu'il fût d'origine française. Quant à la dénomination de Silvestre (Israël) *de Paris,* si Nagler ne se trompe pas, elle pourrait indiquer simplement que cet artiste avait fait ses premières études artistiques à une école de Paris.

Au reste, j'avoue que, tout en cherchant à rattacher Silvestre (Israël) d'Anvers à notre famille, je ne puis donner que des probabilités en faveur de mon opinion.

(3) Claude Henriet est né à Châlons, en Champagne, en 1539. Un ancien portrait de lui, peint par François Janet, et qui porte la date de 1551, avec l'inscription » *Ætatis suæ* 12, » fait voir l'année exacte de sa naissance. Ce tableau, qui n'est pas sorti de la famille depuis Israël Silvestre, est aujourd'hui en ma possession. Claude Henriet a laissé deux enfants : Israël Henriet et Élisabeth Henriet, mère d'Israël Silvestre.

(4) C'est à tort que quelques personnes ont cru qu'Is. Silvestre, à cause de son prénom, était juif, ou d'origine juive. Israël Henriet, qui lui servit de parrain et lui donna son prénom, était chrétien, ainsi que son père Claude Henriet. On peut s'assurer, par les lettres de naturalité qu'Is. Henriet postula et obtint en 1660 et qui sont insérées dans les Documents, que cet artiste était chrétien et catholique ; et Is. Silvestre, de son côté, ne put remplir certaines charges qu'en faisant profession de foi catholique, apostolique et romaine. Il ne faut pas oublier que, avant Is. Silvestre, comme après lui, mais surtout de son temps, les prénoms tirés de l'Ancien Testament étaient assez communément répandus parmi les familles chrétiennes ; d'ailleurs, il suffit de jeter les yeux sur la liste des saints canonisés par l'Église, pour voir que plusieurs d'entre eux portaient des noms de patriarches, ou d'autres en usage sous l'ancienne loi. Je citerai seulement les noms des saints qui suivent :

Saint Élie. . . . . mort au VIe siècle.

Saint Isaac. . . . . mort au ixe siècle.
Saint Israël. . . . . — au xiie.
Saint Abraham. . . . . . — au ve.
Saint Daniel. . . . . . . — au ve.
Saint Jérémie. . . . . . . — au ixe.
Saint Moyse. . . . . — au iiie.
Saint Samuel. . . . . . . — au xiiie.

Et la plupart de ces noms ont été portés par plusieurs saints différents.

(5) Voici comment s'exprime M. Faucheux :

« Henriette Sélincart est représentée, dans le portrait de
« *Nocret**, avec une coiffure que les portraits de Mme de
« Sévigné ont popularisée. Elle est habillée d'une riche
« étoffe garnie de dentelles. Ses traits sont fort réguliers ;
« tout, dans ce portrait, annonce une femme distinguée et
« d'une dignité remarquable. »

Moreri, qui a connu Is. Silvestre, dit dans son *Dictionnaire historique* :

« Cet habile dessinateur avait épousé Henriette Sélincart, femme célèbre par son esprit et par sa rare beauté, morte le 1er septembre 1680, et enterrée à Saint-Germain-l'Auxerrois, où Is. Silvestre, son mari, fit élever un monument en marbre blanc sur lequel elle est représentée mourante, et peinte par M. Le Brun. Ce morceau passe pour être le chef-d'œuvre de ce grand homme. »

(6) Le mot *nobilis*, accolé au nom d'Is. Silvestre sur l'épitaphe d'Henriette Sélincart, a fait croire à quelques personnes que Silvestre avait été anobli par Louis XIV. D'autres ont critiqué l'insertion de ce mot comme une prétention de l'artiste, ou comme une erreur, volontaire ou non, de l'auteur de l'épitaphe. La vérité est qu'Is. Silvestre n'a jamais reçu de lettres de noblesse ; que jamais non plus la

---

* Lisez : Charles Lebrun.

famille n'a conçu ni émis le moindre doute à cet égard.

Il est vrai que le mot *nobilis* peut, au premier abord, laisser de l'incertitude dans l'esprit du lecteur; mais, si on n'oublie pas que ce mot, pris dans son acception ordinaire, signifie *connu, célèbre, fameux, illustre, renommé ; qui a un nom, une réputation,* et qu'en latin on dit aussi bien *nobilis clade,* célèbre par une défaite, que *nobilis genere,* noble de race ; on verra alors que cette expression de *nobilis* est ici justifiée, et qu'il n'y avait aucune intention prétentieuse dans l'usage qui en a été fait sur le mausolée d'Henriette Sélincart.

Mais je n'ai pu comprendre l'assurance avec laquelle un auteur a écrit qu'Is. Silvestre s'était cru autorisé, du moment qu'il avait été nommé maître à dessiner des Enfants de France, à ajouter un *de* à son nom. Rien n'est plus contraire à la vérité. Jamais, à aucune époque de sa vie, Is. Silvestre n'a porté ni écrit un *de* devant son nom.

Je ne sais sur quelle autorité s'est appuyé M. H. de Laborde en émettant une pareille assertion. Quand on entreprend un travail d'érudition qui est destiné à une grande publicité, il convient que la critique soit éclairée et qu'elle ne s'appuie que sur des documents certains, surtout quand elle peut nuire en quelque chose à la réputation d'une personne ou d'une famille. Si l'auteur avait eu l'idée toute naturelle de prendre auprès de nous des renseignements dont il aurait dû sentir le besoin, nous les lui aurions fournis avec plaisir.

Voici ce que M. de Laborde écrivait dans un article sur les graveurs français des XVIIe et XVIIIe siècles, inséré dans la *Revue des Deux Mondes* en 1850 : « Il existe néanmoins
« plusieurs petites pièces gravées à cette époque par quel-
« ques personnages de la cour. Le Dauphin, fils de
« Louis XIV, s'essaya aussi dans la gravure sous la direc-
« tion d'Israël Silvestre. On ignore si ce fut avec succès ;
« *ce qu'on sait seulement,* c'est que Silvestre, qui portait
« le titre de maître de dessin des Enfants de France, *se crut*

« *autorisé*, à partir de ce moment, à ajouter un *de* à son
« nom. »

Cette dernière réflexion est, au reste, le seul renseignement que l'auteur donne sur Is. Silvestre dans tout le cours de son article sur les graveurs français des XVIIe et XVIIIe siècles.

(7) Le musée des Petits-Augustins, autrement dit le musée des monuments français, fut créé, en 1790, par. Alexandre Lenoir; et on peut dire que ce savant, en même temps peintre, archéologue et architecte, a rendu un service des plus signalés aux arts, et à son pays, en sauvant de la destruction, pendant la période révolutionnaire, une quantité considérable de monuments historiques, de tableaux et d'autres objets rares et précieux. C'est un fait sur lequel on n'a pas assez insisté, à sa louange, dans les principales notices qui ont été écrites sur lui, bien que, d'ailleurs, elles aient fourni d'intéressants détails sur sa vie et sur ses travaux.

Alexandre Lenoir, né le 25 décembre 1762, étudia la peinture sous Doyen, peintre du Roi, et suivit, en même temps, les diverses classes de l'Académie de peinture, d'architecture et de sculpture. Grâce à son intelligence précoce, à ses heureuses dispositions et à un travail persévérant, il acquit promptement des connaissances approfondies dans la théorie et dans la pratique des arts en général.

En 1790, au moment où la France se couvrait déjà de ruines, A. Lenoir, jeune encore, craignant que le pays ne finît par être livré tout entier à la dévastation, eut la généreuse et courageuse pensée de s'opposer, autant que possible, à ce torrent qui devait causer, particulièrement pour les arts et pour les sciences, d'incalculables et d'irréparables malheurs. Il soumit son projet à Bailly, maire de Paris, qui le fit approuver par l'assemblée nationale. Il s'agissait de réunir en un dépôt central tout ce qui était de nature à intéresser les arts, soit comme monuments historiques, soit comme sculpture, architecture ou peinture, et qui aurait pu exciter la cupidité ou l'instinct destructeur d'une foule avide, ignorante et sans frein.

Lenoir fut autorisé à former, dans le local des religieux connus sous le nom de Petits-Augustins, un dépôt national de tout ce qu'il lui serait possible de sauver du désastre ; et il fut nommé conservateur de ce dépôt, avec plein pouvoir dans les moyens de procéder à son établissement et à sa composition. Ce fut alors qu'il se livra tout entier aux fonctions difficiles, fatigantes et souvent dangereuses dont il se trouvait investi. Il eut à lutter, même au péril de sa vie, contre mille obstacles qu'il surmonta avec autant de courage que d'habileté. Il parcourut toutes les parties de la France où il pouvait espérer de découvrir et de sauver quelque chose d'intéressant pour les arts et pour la science, et il put ainsi réunir au dépôt des Petits-Augustins un grand nombre de monuments historiques, de tombeaux, de statues, de tableaux, enfin d'objets précieux de toutes les époques et de tous les genres.

La suppression des églises, celle des établissements religieux, et la saisie des biens d'émigrés, fournirent, surtout, au dépôt national, une quantité considérable de richesses artistiques et scientifiques qui échappèrent ainsi au pillage et à la dévastation.

Naturellement, le couvent des Petits-Augustins devint bientôt insuffisant pour contenir cette accumulation d'objets de toute nature qui déjà remplissaient les salles et même les cours de l'établissement. A. Lenoir fut chargé de faire subir à l'édifice des modifications et des agrandissements qui mirent encore en relief ses talents d'architecte, de conservateur et d'artiste.

Sur plus de huit mille objets précieux, concernant les arts, les sciences, le culte, l'archéologie et la haute curiosité, qui furent sauvés par Lenoir et apportés au dépôt, un peu plus de six cents furent seulement retenus par lui pour former le musée des monuments français. C'étaient particulièrement des tombeaux de Rois, de Reines et de personnages historiques de toutes les époques ; des monuments, également historiques, de sculpture et d'architecture, des statues et des vitraux précieux. Tous les autres objets, au nombre de plus de sept mille, qui n'entrèrent pas dans le musée, comme étrangers à son but historique, furent remis aux musées divers qu'on créait à cette époque, comme le Louvre, les arts et métiers, les mines, le muséum d'histoire naturelle, collections qui se formèrent ou s'enrichirent de ce que Lenoir avait su conserver au pays.

Le musée des monuments français, qu'on appela aussi musée des Petits-Augustins, ne fut ouvert au public que le 25 juillet 1793, par ordre du ministre Garat, et il a duré jusqu'au 18 décembre 1816. A cette dernière époque, Louis XVIII ordonna le retour, à l'abbaye de Saint-Denis, des tombeaux royaux sauvés et recueillis par Lenoir, pour constituer la belle suite chronologique qu'on y admire aujourd'hui. Nommé administrateur et conservateur de Saint-Denis, Lenoir présida à cette vaste réunion de monuments, unique dans le monde.

Les autres objets du musée des Petits-Augustins furent rendus soit aux églises d'où ils provenaient, soit aux familles auxquelles ils avaient appartenu.

Alexandre Lenoir qui fut membre de la Société des antiquaires de Paris et de celle de Londres, membre de la Légion d'honneur, et auteur d'un grand nombre d'ouvrages remarquables sur les arts anciens et modernes, mourut à Paris le 13 juin 1839. Son fils, savant archéologue et architecte, aujourd'hui conservateur et bibliothécaire à l'École impériale des beaux-arts, à qui on doit déjà d'importantes publications, termine, en ce moment, un ouvrage considérable, commandé par la ville de Paris, qui sera l'histoire détaillée du musée des monuments français, avec une foule de documents historiques qui s'y rattachent, et qui sera enrichi de planches nombreuses. Il est à désirer que le public soit admis à se procurer cet intéressant et curieux travail.

(8) Jean Nocret, peintre du roi, était fils de Charles No-

cret qui avait épousé Élisabeth Sélincart, sœur d'Henriette, femme d'Israël Silvestre.

(9) C'est en 1664 que Louis XIV, dégoûté du séjour de Paris, se décida à fixer sa demeure à Versailles. Malgré les travaux de tous genres que nécessita l'achèvement de cette gigantesque entreprise, le château de Versailles, commencé seulement en 1670, était déjà habité par le Roi en 1672. Il ne s'y fixa pourtant définitivement avec sa cour qu'en 1682.

(10) Pour donner une idée des logements que les artistes privilégiés occupaient aux galeries du Louvre, admettant qu'il y eût une légère inégalité dans leur importance, je donnerai ici le détail de celui qu'habitait Is. Silvestre au moment de son décès, et qu'avait occupé avant lui M. Valdor. Ce renseignement est fourni par l'inventaire qui a été dressé successivement dans chacune des pièces de l'habitation.

Au rez-de-chaussée : cave, écurie, bûcher, charbonnier, cuisine et chambre attenante.

Au premier : chambre servant de salle à manger, chambre servant de cabinet à Is. Silvestre, chambre à coucher avec cabinet, autre chambre.

Enfin, au deuxième étage : chambre avec cabinet.

On voit que le Roi pourvoyait au logement de ses artistes avec assez de libéralité pour qu'il leur fût permis d'y vivre commodément avec leurs familles.

Le maître à dessiner des princes et des pages avait, en outre, à Versailles, une habitation située aux petites écuries du Roi. Ce logement, moins complet que celui des galeries du Louvre, se réduisait, suivant l'inventaire de C. François Silvestre, à deux chambres avec cabinet, une salle à manger, une cuisine et une cave. Mais, bien que ce ne fût pour cet artiste qu'un logement supplémentaire, il pouvait être considéré comme assez confortable à Versailles, où la cour était si nombreuse, que non-seulement le service du Roi, mais encore beaucoup de hauts fonctionnaires n'étaient logés que très à l'étroit soit au château, soit dans ses dépendances.

(11) Il m'avait été impossible, jusqu'ici, malgré de nombreuses recherches, de rencontrer l'*Imitation de J. C.*, traduite en vers latins par Alexandre Silvestre, ouvrage devenu d'une extrême rareté. Ayant appris, tout récemment, que M. le curé de Saint-Étienne-du-Mont avait réuni une collection à peu près complète de toutes les éditions de l'*Imitation* parues jusqu'à ce jour, j'ai pu, grâce à sa parfaite obligeance, me procurer, momentanément, le livre d'Alexandre Silvestre. Je suis donc en mesure de compléter le renseignement que j'ai donné dans cette notice sur l'ouvrage en question et sur son auteur, qui était, en effet, fils d'Israël Silvestre, graveur et dessinateur du Roi.

Voici ce qu'on lit sur le premier feuillet ·

« De Imitatione Christi libri quatuor [*], variis metris latine versi, Alexandro Silvestre, Clerico, Israëlis filio. Parisiis apud viduam Claudii Thiboust, et Petrum Esclassan, Jurat, Bibliopol. Typographum Academiæ Parisiensis ordin. viâ D. Joannis Lateranensis è regione Collegii Regii. M. DC. XCIX. Cum approbatione et privilegio Regis. »

Vient ensuite une dédicace en latin de trois pages environ qui commence par ces mots :

« Magnificentissimo ac potentissimo d. d. Paulo, Duci de Beauvillers, Pari Franciæ, Regiorum Ordinum equiti Torquato, etc. Trium serenissimorum principum Gubernatori. »

Et qui est terminée ainsi :

« Celsitudini suæ devotissimus et obsequentissimus Alexander Silvestre clericus Parisinus. »

Suit une préface en français ; et, à la fin de l'ouvrage, se trouve l'approbation ecclésiastique, ainsi que le privilége du Roi, qui est ainsi conçu :

« Cautum est Regio Diplomate ne quis librum, cui titulus est, *Libri quatuor de Imitatione Christi variis me-*

[*] Un seul livre de cette traduction a été imprimé.

tris latinè versi, premere qualicunque vel vendere mandat aut concedat, præter *Alexandrum Silvestre* clericum, *Israëlis Silvestre* Regis et serenissimi Delphini delineatoris filium, mulctâ graviori impositâ, ut amplius continetur in Diplomate Regio sigillo majori obnotato, dato Versaliis die 13 Aprilis anni millesimi sexcentesimi nonagesimi noni. »

Le volume se termine par cette indication :

« Editio primi libri confecta est die 18 Aprilis 1699. »

C'est donc à l'âge de 26 ans qu'Alexandre Silvestre fit cette traduction en vers latins de l'*Imitation*.

(12) J'ai entre les mains une copie (en allemand et en français) de ces lettres de noblesse, qui a été expédiée de Dresde, en 1743, par Louis de Silvestre à Nicolas-Charles, son neveu, anobli en même temps que lui. Cette pièce est un peu trop longue pour que je croie devoir la transcrire ici, bien qu'elle donne de curieux détails sur les prérogatives dont, à cette époque, étaient appelés à jouir les nouveaux anoblis en Pologne.

Cette copie ancienne a été certifiée conforme par le comte Desalleurs, envoyé extraordinaire du Roi de France auprès du Roi de Pologne, Auguste III.

(13) Ce F. Charles de Silvestre, qui s'était marié à Paris, en 1744, le 4 février, parut, comme témoin, au mariage de mon aïeul, J. Augustin de Silvestre, avec Marie-Louise Audigué. Il est désigné dans l'acte comme *vice-directeur de l'Académie de peinture du Roi de Pologne*, et comme oncle à la mode de Bretagne du futur. Il y paraît en même temps que son père Louis de Silvestre, *peintre du Roi de Pologne, directeur de l'Académie de peinture à Dresde*. Le susdit mariage eut lieu, à Paris, en mars 1757.

(14) Après la conquête de la Silésie par Frédéric le Grand, Auguste III, Roi de Pologne, s'allia avec l'Autriche contre ce prince, et fit ainsi de la Saxe, tout d'abord envahie, le principal théâtre de la guerre de sept ans (1755-1762). Cette guerre, qui fut si désastreuse pour la Saxe, y

causa la ruine d'une foule de familles : celle de Louis de Silvestre fut du nombre des plus maltraitées. Marie-Thérèse de Silvestre, qui avait été mariée avec M. Pierrard, camérier intime du Roi, se vit obligée, dès 1755, de chercher auprès de son père un refuge en France, accompagnée de six jeunes filles encore mineures.

M. Pierrard resta en Saxe où le retenaient ses fonctions. Sa femme mourut l'année suivante à Paris, au mois d'août 1757, après avoir pu faire entrer ses six filles comme pensionnaires à l'abbaye royale de Saint-Cyr.

Le fils de Louis de Silvestre qui lui avait succédé comme directeur de l'Académie de peinture à Dresde, et qui avait été également ruiné par suite de l'invasion prussienne, demanda et obtint l'autorisation de se rendre en France auprès de sa famille. Il y vint, vers la fin de 1755, avec sa femme et ses trois enfants qui se trouvèrent, ainsi que les filles de son beau-frère, à la charge de Louis de Silvestre et de Marie sa fille, lectrice de la Dauphine.

(15) Ces armoiries, qui, pendant près d'un siècle, sont restées celles de la famille, lui ont été conservées quand le Roi Louis XVI accorda, en 1775, des lettres de noblesse à Jacques-Augustin de Silvestre, et lorsque le Roi Charles X conféra, en 1826, le titre de baron à Augustin-François de Silvestre, membre de l'Institut, fils du précédent.

(16) Il est évident que si Is. Silvestre n'avait eu qu'un fils du nom de Louis, celui dont il est question ici aurait signé simplement Louis Silvestre, et non pas, comme il l'a presque toujours fait, Louis Silvestre le jeune ou junior. Il est clair qu'il a voulu ainsi se distinguer de celui de ses frères aînés qui portait le même prénom que lui.

(17) Claude-Luc Gaillande, lors de son mariage avec Suzanne-Charlotte Silvestre, en 1753, était, selon les termes du contrat, âgé de 33 ans et huissier de l'antichambre de Mme la Dauphine ; et, quatorze ans plus tard, à l'époque de la mort de Nicolas-Charles de Silvestre, en 1767, il est désigné dans l'inventaire des biens de son beau-père comme

avocat au parlement et receveur général du tabac, à la Rochelle [*].

(18) Regnault Delalande et, après lui, M. Meaume ont appelé la mère de Jacques-Augustin de Silvestre, Charlotte-Suzanne Lebas; c'est une légère erreur qui se trouve rectifiée au moyen de l'extrait suivant des actes de naissance de la paroisse de Saint-Germain-l'Auxerrois : « L'an mil sept
« cent dix-neuf, le 1er août, est né Jacques-Augustin Sil-
« vestre, fils de Nicolas-Charles Silvestre et de Magdeleine-
« Charlotte Lebas, son épouse. Les témoins ont été Auguste
« Thuret et Catherine Papillon. »

Puis l'extrait du registre des baptêmes de la même paroisse : « L'an mil sept cent dix-neuf, le 3 août, fut baptisé
« Jacques-Augustin Silvestre, fils de Nicolas-Charles Sil-
« vestre, maître à dessiner du Roi, et de Madeleine-Char-
« lotte Lebas, son épouse, aux galeries du Louvre, le par-
« rain Jacques-Augustin Thuret, maraine Catherine Pa-
« pillon, épouse de Jean Le Roy, l'enfant est né le mardy,
« premier du présent mois, et ont signé C. Papillon, Thuret,
« N. C. Silvestre et Baudinier. »

(19) Dans les papiers laissés par J. A. de Silvestre, et que j'ai entre les mains, se trouve la note suivante : « Mon fils
« est parti pour Rome à quatorze ans et neuf mois, le
« 15 septembre mil sept cent soixante dix sept, avec
« M. Aubry, peintre du Roi, qui, par amitié pour moy, s'est
« chargé de son éducation pendant son séjour à Rome où
« son zèle pour son art l'a engagé à faire ce voyage. Je luy
« ai donné vingt cinq louis pour les frais du voyage de mon
« fils, et suis convenu avec luy de fournir à madame sa
« mère qui habite Versailles, huit cents livres par an et
« cent vingt livres pour son ménage. Luy de son côté s'en-
« gage de faire les dépenses nécessaires pour l'existence de
« mon fils, dépense dont nous tiendrons, chacun de notre

---

[*] Voir aux Documents l'extrait dudit inventaire.

« côté, une note exacte pour nous rendre un compte réci-
« proque à la fin du voyage. »

(20) Voici la lettre que reçut J. A. de Silvestre en avril 1780 :

« Je suis très-peiné, monsieur, d'avoir à remplir vis-à-vis
« de vous l'ordre que le Roy vient de me donner, mais ma-
« dame la princesse de Guéménée ne voulant absolument
« point se désister de la place de maître à dessiner des En-
« fants de France qu'elle a demandée et obtenue de Sa Ma-
« jesté pour M. de Blaremberg, Sa Majesté désire que vous
« me rapportiés le brevêt de survivance qui avait été ac-
« cordé à M^r votre fils. Vous devez juger par le temps qui
« s'est écoulé depuis la nomination de ce particulier, du
« désir que j'ay eu de vous servir, et de mes regrets sur
« mon peu de succès.

« Je suis, monsieur, votre très-humble et très-obéissant
« serviteur.

« Amelot.

« Versailles, 7 avril 1780. »

(21) Cette nouvelle note, que j'extrais des papiers laissés par J. A. de Silvestre, fera voir une fois de plus quelles étaient la bonté et la noblesse de ses sentiments :

« Mon fils est revenu de Rome avec M. Aubry, le mois
« de décembre 1780, après trois ans de séjour en Italie.
« Aubry est mort six mois après son retour. Peu de jours
« avant son décès, nous avons arrêté ensemble nos affaires.
« Il me redevait cinq mille livres qui, sans doute, ne me
« seront jamais payé, mais c'est un petit malheur en com-
« paraison de sa perte que je regretterai toujours tant que
« j'existerai. »

(22) Il a été fait sur Augustin-François de Silvestre (le baron) plusieurs notices biographiques qui mentionnent les nombreux écrits qu'il a laissés ; les emplois auxquels il a été appelé, et leur importance ; enfin les services qu'il a rendus aux sciences, à la littérature et aux arts. Il serait trop long de rappeler ici tous ces travaux utiles qui ont été

pour lui autant de titres à l'estime publique. Je dirai seulement (ce qui, d'ailleurs, ne me fait pas sortir du cadre que je me suis tracé) quelques mots sur son caractère, sur cette heureuse nature qui l'a fait aimer et respecter de tous ceux qui l'ont connu.

A une douceur inaltérable A. F. de Silvestre joignait, dans ses rapports de famille et de société, la plus entière abnégation de lui-même. Il était d'une santé naturellement délicate, et, quand il souffrait, il cherchait toujours, par une feinte gaieté, à donner le change sur son état. Il refusait de son entourage des soins qui, selon lui, devaient causer de la gêne, et faire perdre un temps qui pouvait être mieux employé.

Passionné pour la science, il aimait et honorait les savants, dont les plus renommés de son temps ont été ses amis. Il portait un grand intérêt et une vive affection à la jeunesse studieuse, qu'il aidait de ses conseils et, au besoin, de ses libéralités.

Il aimait les arts qu'il avait pratiqués dans sa jeunesse, et qui ont fait le principal délassement de sa vie. Connaisseur habile, il avait augmenté la riche collection qu'il tenait, en partie, de ses pères, et, comme eux, il la mettait avec empressement à la disposition des artistes, qui tiraient de ses conseils et de son expérience plus de profit encore que des modèles qu'ils devaient à sa générosité.

Sévère pour lui-même et indulgent pour tous, il n'avait sur tous que des pensées et des paroles bienveillantes.

L'aménité de son caractère, sa douce gaieté, son érudition et son esprit plein de finesse l'ont fait rechercher pendant toute sa longue vie comme un homme de bien, et du commerce le plus aimable. Quand, avec l'âge, les forces lui manquèrent, quand des souffrances continuelles vinrent lui annoncer l'imminence du danger, il cherchait encore, par de spirituelles plaisanteries, à détourner l'attention et même à exciter le sourire de ceux qui l'entouraient de leurs soins.

Bien qu'il soit parvenu à un âge très-avancé, sa sobriété

exemplaire permettait d'espérer de le conserver encore de plus longues années ; mais son ardent amour pour le travail est venu hâter le terme d'une vie déjà si bien remplie. Le sentiment de ce qu'il appelait son devoir, sentiment qu'il a porté jusqu'à l'exagération, et que l'âge n'avait pu refroidir, amena la catastrophe à la suite de laquelle nous eûmes le malheur de le perdre.

En 1848, lors des troubles qui agitèrent Paris, il voulut, malgré d'instantes prières, assister, selon sa coutume, à une séance de la Société d'agriculture, dont il était secrétaire perpétuel ; il avait alors 86 ans. Renversé inopinément sur la place de l'Hôtel-de-Ville, il fut relevé et ramené chez lui, frappé du coup qui devait l'enlever à sa famille et à ses amis.

Il a conservé presque jusqu'au moment de sa mort, arrivée le 4 août 1851, sa connaissance et toutes ses riches facultés.

Je terminerai en citant ces paroles prononcées par M. Rayer, président de l'Académie des sciences, sur la tombe de A. F. de Silvestre : « Sa vie, pleine d'années, a été riche en savantes recherches, en utiles enseignements et en services rendus au pays. »

DOCUMENTS

ET PIÈCES JUSTIFICATIVES

SUR LA FAMILLE DE SILVESTRE.

1660. *Lettres de naturalité accordées à Israël Henriet.*
8 *octobre.*

« Louis par la grâce de Dieu Roy de France et de Nauarre à tous ceux qui ces présentes verront Salut. Notre bien amé Israël Henriet faisant profession de la religion catholique apostolique et romaine, nous a fait remontrer que Claude Henriet et adriane de Lamberuillers ses père et mère, naturels françois s'étant habitués au pays de Lorraine, l'exposant auroit pris naissance en la ville de Nancy où il demeura seulement autant de tems qu'il fut nécessaire pour sa première éducation, ayant entrepris les voyages d'Italie et autres pays étrangers dès aussitost que son père luy eut donné les bons commencements et principes de l'art de designer, peindre et grauer dont il faisoit profession, pendant lesquels voyages il s'est aquis beaucoup d'expérience au dit art, et à son retour s'est habitué en nostre bonne ville de Paris où il a continuellement demeuré pendant quarante ans, et désireroit y finir ses jours ; mais il craint quoy que le dit pays soit à présent en notre obéissance, que soubs prétexte que lors de sa naissance ladite ville de Nancy était soubs l'obéissance des ducs de Lorraine, nos officiers ou autres luy voulussent donner quelques empêchements s'il ne luy était, sur ce, par nous pourveu de nos lettres de déclaration sur ce nécessaires qu'il nous a très humblement faict prière lui octroyer. A ces causes voulant favorablement traiter l'exposant, de notre grâce spéciale, pleine, puissante, et autorité Royale, nous avons dit et déclaré disons et déclarons, voulons et nous plaist que le dit Henriet soit tenu censé et réputé, ainsy que nous le tenons censons et reputons, pour notre naturel subjet et regnicole, qu'il puisse et lui soit loisible de demeurer en notre bonne ville de Paris ou autres lieux de notre Royaume qu'il désirera, jouir des priviléges, franchises et libertés dont jouissent nos vrays et originaires subjets, succéder, avoir terre et posséder tous biens meubles et immeubles qu'il a acquis ou pourra acquérir, d'iceux user, ordonner et disposer par ordonnance de dernière volonté, donnation entre vifs ou autrement ainsy que de droit luy sera permis, et qu'après son deceds ses enfants héritiers ou autres en faveur desquels il pourra disposer, luy puissent succéder pourveu qu'ils soient nos regnicolles tout ainsy que si le dit exposant était originaire de notre royaume, sans qu'au moyen des ordonnances et règlemens d'iceluy il lui soit faict aucun empêchement, ni que nous puissions prétendre ces dits biens nous appartenir par droit d'aubeyne ni autrement en quelque sort et manière que ce soit, l'ayant quand à ce dispencé et habilitté, dispençons et habilittons sans que pour raison de ce il soit tenu nous payer aucune faisance ni à nos successeurs Roys, de laquelle, a quelque somme qu'elle puisse monter, nous luy avons fait et faisons don par ces présentes à la charge de finir ses jours en notre royaume et de n'estre entremetteur d'aucuns étrangers.

« Si donnons en mandement à nos amés et féaux conseillers les gens tenant notre chambre des comptes à Paris que les présentes ils fassent régister et de leur contenu donner et user le dit sieur Henriet pleinement et paisiblement, cessant et faisant cesser tous troubles et empeschemens, nonobstant les édicts, ordonnances et règlemens contraires, Car tel est notre plaisir en témoing de quoy nous avons fait mettre notre sceau sur ces dites présentes. Donné à Paris le huictième jour d'Octobre, l'an de grâce mil six cent soixante et de notre règne le dix-huictième.

« Par le Roy, Guitonneau. »

Je ferai remarquer que, aux termes de ce brevet daté de 1660, Is. Henriet a dû, après avoir quitté Nancy, et à la suite de plusieurs voyages faits à l'étranger, venir se fixer définitivement à Paris en 1620. Ce serait à l'âge de trente ans, si on place sa naissance en 1590, comme le fait M. Meaume. Et il avait quarante et un ans quand son neveu Is. Silvestre vint, après la mort de son père, s'établir chez lui, n'ayant alors que dix ans selon Moreri.

Is. Henriet ne jouit pas longtemps du bénéfice que lui accordaient ces lettres de naturalité, étant mort l'année suivante, en 1661.

Moreri dit qu'il n'a pas été marié, il est toujours certain qu'il n'a pas laissé d'enfants, puisqu'il a institué Israël Silvestre son légataire universel.

1662. *Mariage d'Israël Silvestre avec Henriette Sélincart. 10 septembre.*

« A la date du 10 septembre 1662, les registres de la paroisse de Saint-Barthélemy portent : « Du dimanche 10 septembre 1662, furent mariés Israël Siluestre, graveur et désignateur du Roy, paroisse Saint-Germain-l'Auxerrois, et Henriette Sélincart, fille de Pierre Sélincart, marchand de Paris, et de Marguerite-Janson de cette paroisse. Ledit Israël

Siluestre, assisté de M. de la Fleur, prieur de Chatenais en l'Aureine (sic) ami; et la D^lle Henriette Sélincart, de Jacques Coulon, sieur de Brévale, son beau-père, et de Mre Robert Anyot, receveur des contrôles des despenses de la cour, et du sieur David Milon, marchand, aussi ami. »

1663. *Brevet de graveur ordinaire du Roi, pour Israël Silvestre. 20 mars.*

« Aujourd'hui vingtième mars mil six cens soixante trois Le Roy estant à Paris, bien informé de la capacité et perfection que Israël Silvestre s'est acquise dans l'art de grauer s'étant appliqué a grauer toutes les plus belles ourages de l'Europe, et voulant faire grauer tous ses palais, maisons Royalles, les plus belles vüeus et aspects de ses jardins, assemblées publicques, carouzels et entours des villes, Sa Majesté l'a retenu et retient pour son graueur ordinaire. Veult et entend qu'il soit couché et employé en cette qualité dans l'estat des gaiges des officiers de ses bastimens par chacun an, a commencer au premier janvier dernier aux appointements de quatre cens livres que Sa Majesté lui a donné et accordé outre le payement qui lui sera faict de ses ouvrages à mesure qu'il y travaillera, mande Sa Majesté au surintendant et intendant de ses bastimens arts et manufactures de France de faire jouir le dit Siluestre de l'effect du présent breuet qu'Elle a voulu signer de sa main et faict contresigner par moy son conseiller secrétaire d'estat et de ses commandements.

« Louis. De Guénegaud. »

DOCUMENTS ET PIÈCES JUSTIFICATIVES. 143

1666. *Certificat du grand écuyer de France, portant que le Roi accorde à Is. Silvestre le brevet de M^e à dessiner des pages de la Grande-Écurie. 12 décembre.*

« Louis de Lorraine, comte d'Armagnac, Briosne et de Marsan, Grand Escuyer de France, gouverneur et lieutenant général pour Sa Majesté des païs d'Anjou, ville et chateau d'Angers et du pont de Cée.

« Nous certifions que le Roy a accordé à Israël Siluestre la charge de M^{re} a designer en la grande escurie, priant monsieur Duplessis conseiller secrétaire d'estat et des commandemens de Sa Majesté de luy en faire expédier les lettres nécessaires. Donné à Paris le 12e jour du mois de décembre mil six cent soixante six.

« Louis de Lorraine grand escuyer de France.

« Par Monseigneur, Droüas. »

1667. *Brevet de la dite charge de M^e à dessiner des pages de la Grande-Écurie. 1er janvier.*

« De par le Roy,

« Grand écuyer de France et vous, receveurs et controlleurs du faict et dépense de nos escuries, salut. Le soin que nous prenons de faire eslever les pages que nous receurons désormais dans notre grande escurye, nous obligeant à faire choix de maistres capables de leur enseigner toutes sortes d'exercices pour nous être utiles un jour, nous auons cru que pour leur monstrer à dessiner il n'y avoit personne qui put mieux s'en acquitter que notre cher et bien amé Israël Siluestre, nostre dessignateur et graueur ordinaire. La connaissance particulière que nous auons de son adresse et de son expérience dans sa profession, nous persuadant qu'ils recevront de luy de bonnes instructions, nous, pour ces causes, l'auons, cejourd'huy, retenu et retenons par ces présentes signées de n^{tre}. main en l'état et charge de m^{e}. a dessigner des pages de n^{re}. grande escurye, pour par luy désormais l'exercer en jouir et user aux honneurs, autoritez, prérogatives, preeminences, priuilèges, franchises, libertés, gages, droits, fruicts, profits, revenus et emoluments à cette charge appartenans, et ce tant qu'il nous plaira. Mandons à chacun de vous ainsy qu'il appar^{dra}. qu'après vous être apparu des bonnes mœurs, religion Catholique, Apostolique et Romaine du d. Silvestre, et de luy pris et reçu le serment en tel cas requis et accoustumé; vous ayez à faire enregistrer cette retenue ès registres et papiers de nos dites escuryes, et de ce qu'elle contient le faire jouir et user plainement paisiblement, et le faire obéir et entendre de tous ceux qu'il appar^{dra}. aux choses concernans cette charge. Mandons en outre aux trésorier et payeur de nos escuryes que les dicts gages et droicts ils ayent a payer doresnavant par chacun an au d. Silvestre et en la manière accoutumée suivant les estats qui en seront par nous signéz et arrêtez car tel est n^{re} plaisir.

« Donné à S^{t}. Germain en Laye sous le scel de n^{re} secret le premier de janvier mil six cent soixante-sept. »

« Par le Roy.

« GUÉNÉGAUD. »

Et en marge : « Aujourdhuy cinquiesme jour de mars mil six cent soixante sept ledict Sr Silvestre a faict et presté, entre les mains de monseigneur le Grand*, le serment auquel il estoit obligé a cause de sa d^{e} charge de maistre des-

---

* Le grand écuyer de France était communément désigné sous le nom de M. le Grand.

DOCUMENTS ET PIÈCES JUSTIFICATIVES.

signateur et graueur de la grande escurye dont il a esté pourvu, et ce en presence de moy soubssigné, intendant des maisons et affaires de mondit seigneur, son secretaire ordinaire. »

« BARTONNEAU. »

1668. *Premier brevet de logement au Louvre par Israël Silvestre.* 20 *décembre.*

« Aujourdhuy vingtiesme du mois de décembre mil six cens soixante huict, Le Roy estant à Paris scachant l'expérience que Israël Siluestre dessignateur et graueur en eau forte de veües au naturel et petites figures manière de Callot s'est acquise dans cette profession, et qu'il mérite l'honneur de loger avec les autres artisans de réputation dans la gallerie de son chasteau du Louvre destiné à cet effet. Sa Majesté déclare, veut et entend qu'il soit logé présentement dans l'appartement qu'occupait en cette gallerie le nommé Bainbra orfébure pour par luy en joüir aux honneurs, authorités et droits y appartenans, tels et semblables qu'en jouissent tous les autres ouvriers demeurans dans la dicte galerie. Mande et ordonne Sa Majesté au Sr Colbert grand trésorier de ses ordres, surintendant et ordonnateur général de ses bastimens, arts et manufactures de France, de faire jouir le dict Silvestre plainement et paisiblement du contenu au présent brevet qu'elle a, pour assurance de sa volonté, signé de sa main, et faict et contresigné par moy con^{er}. en ses con^{eils}. secretaire d'estat et de ses commandemens et finances. »

« LOUIS.   LE TELLIER. »

Et en marge : « Vu par nous con^{er}. du Roy en tous ses conseils et en son conseil royal, surintendant et ordonnateur general des bastimens artz et manufactures de France, le present breuet pour jouir de l'effect d'iceluy par le dict Israël Siluestre, à Paris le XXII° jour de décembre 1668. »

« Colbert. »

1670. *Brevet d'académicien en l'Académie de peinture et de sculpture, pour Israël Silvestre.* 16 *octobre.*

« L'Académie royalle de peinture et de sculpture establie par lettres pattentes du Roy, vériffiées en Parlement sous la protection de Monseigneur Seguier, chancelier de France, et vice protection de Monseigneur Colbert conseiller du Roy en ses con^{ls}. intendant de ses finances, ordonnateur général des bastimens de Sa Majesté, arts et manufactures de France.

« A tous ceux qui ces pres^{tes} lettres verront, salut. Le Roy ayant grattifié lad. Académie de plusieurs graces et faueurs particulières, desirant assembler en un corps tous les habiles hommes de cette profession, a ordonné que nul ne pourra prendre la qualité de peintre et de sculpteur de Sa Majesté qu'il ne soit incorporé dans la dite Académie, et pour la rendre encore plus célebre et florissante, ordonne que les personnes de mérite qui possederont quelque talent extraord^{re} pourront y estre reçus a assister en tous les exercices d'icelle. Pour ces causes, l'Académie considérant le mérite et la capacité du sieur Israël Siluestre, dessignateur et graueur ord^{re}. du Roy, par la réputation qu'il s'est acquise tant en France que dans les pays estrangers, pour luy donner des marques de l'estime qu'Elle fait de son mérite, l'ayant reçu dès l'année 1666, a confirmé sad. reseption en qualité d'Académicien pour auoir séance en toutes ses assemblées, conférences, leçons et exercices publics et particuliers d'Icelle, y exercer les charges auxquelles il pourra cy-après être nommé, à la charge d'obseruer inviolablement les statuts et ordonnances, et se soumettre à toutes les délibérations qui seront prises dans les assemblées, ce qu'il a promis ; en témoignage de quoy l'Académie luy a fait expédier ces présentes signées des recteurs et professeurs en exercice, scellées du sceau d'icelle, et contresignées par son secrétaire. A Paris, le seiziesme jour du mois d'octobre mil six cens soixte dix.

« Le Brun, Nocret, N. Legendre, pr. (professeur). »

Et plus bas : « Ce jourd'huy, le dit sieur Siluestre a presté le serment ordinaire en présence de l'Académie, laquel la admis en la calité de consser en Icelle pour jouir des prérogatives qui sont attribué à lad. calité, se sixme jour de décembre.

« L. Testelin.

« Et au verso : Par l'Académie Testelin, visa : Le Brun. »

1673. *Brevet, pour Is. Silvestre, de M^e à dessiner de Mgr. le Dauphin. 20 avril.*

« Aujourd'hui vingt uniesme auril mil six cent soixante treize, Le Roy estant a St. Germain en Laye, voulant faire choix d'une personne capable pour montrer a designer a Monseigneur le Dauphin, et sachant l'expérience que le sieur Silvestre s'est acquise dans le deseing, dont il a donné des preuues en divers ouurages qu'il a fait par ordre de Sa Majesté, Elle l'a retenu et retient en l'estat et charge de M^e a designer de Monseigneur le Dauphin, pour jouir de lad. charge aux honneurs, priuiléges et libertez dont jouissent les commensaux de sa maison, et aux gages qui luy seront réglez par Sa Majesté laquelle m'a commandé d'en expedier aud. Siluestre le present brevet qu'elle a signé de sa main et fait contresigner par moy son conseiller secrétaire d'estat et de ses commandemens et finances.

« Louis.   Colbert. »

1675. *Deuxième brevet à Is. Silvestre pour un logement aux Galeries du Louvre. 10 mai.*

« Avjourd'huy dixiesme du mois de may mil six cens soixante quinze, le Roy estant a St. Germain en Laye, sçachant l'expérience que Israël Siluestre, dessignateur et graueur en eaue forte, s'est acquise dans cette profession par diuerses veües au naturel de toutes les Maisons Royalles qu'il a ornées de petites figures manière de Callot, et qu'il a données au public qui le font juger digne de loger avec les autres artisans de réputation dans la Gallerie de son Chasteau du Louure destinée a cet effet, Sa Majesté déclare, veut et entend qu'il soit logé presantement dans l'appartement qu'occupait en cette gallerie le sieur Valdor pour par luy en jouir aux honneurs, autoritez et droits y appartenans, tels et semblables qu'en jouissent tous les autres ouuriers demeurans dans ladite Gallerie, Mande et ordonne Sa Majesté au sieur Colbert, surintendant et ordonnateur général de ses bastimens arts et manufactures de France, de faire jouir ledit sieur Silvestre plainement et paisiblement du contenu au présent breuet qu'Elle a, pour assurance de sa volonté, signé de sa main, et fait contresigner par moy conseiller en ses conseils secretaire d'Estat et de ses commandemens et finances.

« Louis.   Colbert. »

1681. *Démission de la charge de M^e à dessiner des pages de la Grande-Écurie, par Is. Silvestre, en faveur de son fils C. Fr. Silvestre. 27 juillet.*

« Par deuant les Conseillers, notaires gardenotes du Roy en son chastelet de Paris, soubz signez, fut présent Israël Siluestre maistre a dessiner pour montrer aux pages du Roy de la grande escurye demeurant aux Galleries du Louvre, lequel s'est volontairement desmis et se desmet entre les mains du Roy et de monseigneur le comte d'Armagnac pair et grand Escuyer de France de sa dite charge de maistre a dessiner pour montrer aux pages de Sa Majesté en ladite grande escurye, en faueur de François Siluestre son fils, a condition neantmoins de survivance, consentant toutes lettres de provisions luy estre expédiées, signées, scellées et délivrées promettant obligeant renonçant. Passé à Paris en l'estude de Clément, un des notaires soubsignés, l'an mil six cent quatre-vingt-un, le vingt-septième jour de juillet, et a signé

« Israel Siluestre.
« Clément. »

1681. *Certificat du grand écuyer de France, qui porte que le Roi accorde à C. Fr. Silvestre, fils d'Is. Silvestre, la charge de maitre à dessiner des pages de la Grande-Écurie. 27 juillet.*

« Louis de Lorraine, comte d'Armagnac, du Charny, de Briosne, etc., pair et grand Escuyer de France, Grand sénéchal héréditaire de Bourgogne, gouverneur pour Sa Majesté du pays d'Anjou, ville et chateaux d'Angers et des pontz de Cée.

« Nous certifions que le Roi a accordé à François Siluestre la charge de Maistre a desseigner pour montrer aux pages de Sa Majesté en sa Grande Escurye dont est pourueu Israël Siluestre son père paisible possesseur d'icelle, vacante à présent par la démission qu'il en a faicte entre nos mains en faueur dudit François Siluestre son fils, a condition touttes fois de suruivance, priant monsieur de Seignelay conseiller du Roy en ses conseils secrétaire d'Estat et des commandemens de Sa Majesté de luy en faire expedier et deliurer les lettres de retenue à ce nécessaires.

« Faict à Paris le vingt-septième jour de juillet mil six cent quatre vingt un.

« Louis de Lorraine, grand Escuyer de France,

« Par Monseigneur, Lelieures. »

1681. *Brevet de M^e à dessiner des pages de la Grande-Ecurie en faveur de C. Fr. Silvestre. 4 août.*

« De par le Roy,

« Grand escuyer de France, et vous trésoriers et controlleur du fait et dépense de nos escuries, salut. Les seruices qui nous ont esté rendus par Israël Siluestre en la charge de M^e à dessins des pages de n^{re} grande escurie nous ayant fait agréer la demission qu'il a fait de lad^e. charge en faueur de François Siluestre son fils, à condition de survivance, et estant informez de la bonne conduite dud. François Siluestre et de ses sens, suffisance, expérience, fidélité et affection a notre seruice. Icelui, pour ces causes, auons ce jourdhuy retenu et retenons par ces présentes, signées de notre main, en l'estat et charge de m^{re}. a dessiner des pages de n^e. grande escurie, vacante par la démission dud. Siluestre son père a condition de suruiuance, pour par luy l'exercer en l'absence et en suruiuance dud. Siluestre son père, en jouir et user aux honneurs, authoritez, prérogatiues, praiminences, priuilèges, franchises, libertez, gages, droits, fruicts, profits, reuenus et emolumens accoustumez et y appartenant, tels et semblables qu'en jouit ou doit jouir led. Siluestre son père, et ce tant qu'il nous plaira, sans qu'auant le décès de l'un ou de l'autre lad^e. charge puisse être déclarée vacante ni impetrable sur le suruiuant, attendu le don que nous luy en faisons des apresent n'y qu'ils soient tenus de nous prester autre serment que celuy qu'en a faict led. Siluestre père, et celuy qu'en fera ledit Siluestre fils en vertu des présentes. Si nous mandons qu'après vous estre apparu des bonnes vie, mœurs, religion catholique, apostolique et romaine dud. Siluestre fils, et de luy pris et reçu le serment en tel cas requis et accoustumé, vous ayez a faire registrer cette retenuë es registres et papiers de nos d^{es} escuries, et du contenu cy dessus le faire jouïr et user pleinement et paisiblement, obéir et attendre de tous ceux et ainsy qu'il appartiendra ces choses concernant la d^e charge. Mandons en outre aux trésoriers payeurs de nos d. escuries que les gages a droits ils ayent a payer au d. Siluestre père pendant sa vie, et après son deceds, ou de son consentement pendant sa vie, aud. Siluestre fils aux termes et en la manière accoustumez suivant les estats qui en seront par nous arrestez et signez. Car tel est notre bon plaisir. Donné a Fontainebleau sous le scel de notre secret, le quatriesme jour du mois d'aoust mil six cent quatre-vingt-un.

« Louis.

« Par le Roy, Colbert. »

Et en marge : « Aujourdhuy seiziesme aoust mil six cent quatre vingt un, à Paris, led. François Siluestre desnommé aux lettres de retenüe cy-dessus, a faict et presté entre les mains de Son Altesse Monseigneur le comte d'Armagnac, de Charny, de Briosne, etc. grand escuyer de France, grand sénéchal de Bourgogne, gouverneur pour Sa Majesté du pays d'Anjou, villes et chateaux d'Angers et des Ponts de Cée, le serment de fidélité qu'il deuoit au Roy à cause de lad. charge de Maistre à dessins des pages de la grande escurie de Sa Majesté de laquelle il a été pouruu sur la démission dud. Israël Siluestre son père, a condition toutte fois de suruiuance, et ce en présence de moy soubsigné secretaire de Monseigneur.

« Lelieures. »

1691. *Extrait de l'inventaire des biens d'Israël Silvestre. 10 décembre.*

« L'an mil six cens quatre vingt unze, le lundy dixiesme
« jour de decembre, deux heures de rellevée, a la requeste
« de Mre Nicolas Petit sieur de Logny, advocat en parlement,
« demeurant à Paris rue Plastrière paroisse Sainc Eus-
« tache, au nom et comme executeur du testament olo-
« graphe et ordonnance de dernières volontés de deffunct
« sieur Israël Siluestre dessignateur ord^{re} du Roy et maistre
« a dessigner de Monseigneur le Dauphin et des Pages des
« grande et petite écuries de Sa Majesté, con^{er} du Roy en
« son Academie de peinture et de sculpture, en datte du
« vingt may mil six cent quatre vingt dix et codicile pa-
« reillement olographe, etant ensuite le trois^e octobre der-
« nier le tout déposé minute à Moullineau l'un des notaires
« soussignés par Mre Rodolphe Lemaistre sieur du Breuil,
« pretre, docteur en theologie, habitué en l'eglise parois-
« siale de St Germain l'auxerrois de cette ville, suivant
« l'acte passé pardeuant Moullineau et son confrère No^{res}
« le unze du d^t mois d'octobre der^{er}.

« Et encore le dit S¹ de Logny tant en son nom à cause
« de dame Henriette-Suzanne Siluestre son epouse, que
« comme tuteur de François aagé de vingt-quatre ans et
« demy, Louis de vingt deux ans, Alexandre de dix neuf
« ans et de Louis Siluestre aagé de dix sept ans, le tout ou
« enuiron. Les dits sieurs Siluestre et la d° dame de Logny,
« frère et sœur, habiles à se dire et porter héritiers pour un
« cinq° du d¹ deffunct S¹ Israël Siluestre leur pere de deff°
« dame Henriette Selincart leur mère. En la présence de
« sieur Charles Nocret, premier valet de garde robbe de
« Monsieur frere unique du Roy, demeurant aux galleries
« du Louure sur paroisse Sainct Germain lauxerrois, oncle
« maternel des sieurs et damoiselles mineures a cause de
« dame Elisabeth Selincart son épouse et leur subrogé tu-
« teur, les dits sieurs de Logny et Nocret élevés es dites
« charges du tuteur et subrogé tuteur suivant l'auis des
« sieurs parents et amis des dits mineurs, omologué par
« sentence du Chatelet de Paris du vingt quatriesme jour
« du dit mois d'octobre dernier, estant au registre.

« DE TAUXIER, *greffier*.

« A la conservation des droits et actions des dites parties
« es dits noms et de tous autres qu'il appartiendra, par
« les conseillers du Roy, notaires gardenottes de Sa Majesté
« en son Chastelet de Paris soussignez, fut et a été fait bon
« et fidèle jnuentaire et description de tous et chacuns les
« biens meubles, ustancilles d'hostel, or et argent monnoyé
« et non monnoyé, titres et papiers, enseignements
« et autres effets demeurez après le décès dudit deffunct
« sieur Israël Siluestre trouvez et estant es lieux cy après
« déclarés de l'appartement qu'iceluy feu S¹ Siluestre occu-
« pait aux galleries du Louure sus ditte paroisse de Sainct
« Germain Lauxerrois ou il est décédé le unziesme jour du
« dit mois d'octobre dernier, montrez et enseignez par le
« dit sieur de Logny, et représentez par Geneuiefue

« Texier, fille, et par François Comtois, dit Picard, domes-
« tiques du dit deffunct sineur Siluestre, après serment
« par chacun d'eux fait es mains des dits notaires soussi-
« signés de mettre tout en évidence sans en rien cacher
« ne latiter, sur les peines à ce introduites de droit
« qui leur ont été expliquées et données à entendre par l'un
« des dits notaires soussignez, l'autre présent. Les
« dits Biens meubles et ustancilles d'hostel priséz et esti-
« mez par Gilles Fournier, huissier priseur, vendeur de
« Biens meubles au Chastellet, ville, Prévosté et Vicomté
« de Paris, y demeurant rue et paroisse du dit Sainct Ger-
« main de Lauxerrois, pour ce présent, qui a promis faire
« la dite prisée en sa conscience, eu égard au cours du
« temps présent, aux sommes et deniers selon ainsy qu'il
« ensuit; Le tout aux protestations respectiues des parties
« que les qualités par elles cy dessus prises ne leur pour-
« ront nuire ni préjudicier et à leurs autres droits, actions
« et prétentions, et ont signé la minute du présent intitulé
« d'jnuentaire demeurée en la possession dud^t Moullineau
« l'un des d^{ts} notaires soussignez.

« MOULLINEAU.

« DE VILLAINE. »

Suit l'inventaire des meubles, hardes, linge, vaisselle, argenterie et bijoux, qui fut fait dans les différentes pièces de l'appartement qu'I. Silvestre occupait aux galeries du Louvre. Cet inventaire se fit :

« 1° Dans la caue dudit appartement. 2° Dans une petite
« chambre attenant laditte cuisine. 3° Dans une petite salle
« au premier estage ayant veüe sur ladite rue des Galle-
« ries du Louure. 4° Dans une petite chambre au second
« étage seruant de garde meubles, ayant veüe sur laditte
« rue des Galleries du Louure. 5° Dans un cabinet à côté
« de la chambre seruant de garde meubles. 6° Dans une an-
« tichambre ayant veüe sur la rivière. 7° Dans la chambre

« qui seruait de cabinet au Sʳ Siluestre. 8° Dans la chambre
« ou ledit sʳ Siluestre couchait, ayant veüe sur laditte rue
« des Galleries du Louure. 9° Dans un cabinet attenant la-
« dite chambre.

« Ensuivent les tableaux du d, deffunct sieur de Sil-
« uestre prisez et estimez par le dit Fournier huissier, de
« l'auis et conseil de sieur Noël Coypel, peintre du Roy,
« recteur de l'Academye royale de peintures et de sculp-
« tures de Paris et de Rome, demeurant aux galleries du
« Louure paroisse de Sainct Germain Lauxerrois, que le dit
« Fournier huissier a, du consentement des parties, prié et
« apellé avec luy pour cet effet. Lequel sieur Coypel a pro-
« mis de donner bon et fidel auis sur laditte prisée qui
« a été faite aux sommes et deniers selon ainsy qu'il
« ensuit. »

Il est ajouté à l'inventaire des tableaux, et comme dernier article, l'observation suivante :

« Et à l'égard d'un portrait en pastel représentant ledit
« feu sieur de Siluestre fait par monsieur Le Brun, d'une
« planche grauée par Edelinck représentant aussy le dict
« feu sieur Siluestre, de trois portraits représentans laditte
« feüe dame Siluestre, l'un peint en huile sur toile par feu
« monsieur Nocret, et les deux autres en pastel par mon-
« sieur Le Brun, d'un portrait peint sur bois représentant
« Claude Henriet, grand oncle des dits sieurs mineurs Sil-
« uestre, un autre dessigné à la pierre rouge et noire qui
« est un portrait d'homme, un autre grand tableau repré-
« sentant un homme tenant une chandelle allumée peint
« sur toile, et de deux petits portraits ouales peints sur
« cuivre, tous garnis de leurs bordures dorées, à l'exception
« d'un des deux ouales qui est sans bordure, étans portraits
« de la famille du dit deffunct sieur Siluestre, les dittes
« parties ont désiré et requis n'estre inuentoriez et prisez
« audit présent inuentaire, mais sont demeurez en la pos-
« session dudit sieur de Logny qui s'en est chargé pour
« être partagés entre les enfants lors du partage général

« qui sera fait entre eux, et a ledit sieur de Logny signé en
« cet endroit la minute dudit présent inventaire. »

Suit l'inventaire des livres, des estampes et des dessins, détachés et en volumes ou portefeuilles, des planches gravées, des papiers imprimés et non imprimés, qui ont été inventoriés, prisés et estimés « par ledit Fournier huissier,
« de lauis et conseil de sieur Pierre Mariette, marchand de
« tailles douces et bourgeois de Paris y demeurant rue
« Sainct Benoist pour ce présent, que le dit Fournier huis-
« sier a pour cet effet, et du consentement des parties re-
« quis et apellé, et ont les dits sieurs Mariette et huissier
« signé en cet endroit, à cause de leur prisée, la minute
« dudit présent inuentaire. »

« Ensuivent les tittres et papiers.

Ces titres et papiers dont je vais donner ici la suite, par ordre de dates, sont ceux dont je ne possède pas les originaux, mais dont la mention dans l'inventaire d'Is. Silvestre prouve suffisamment l'authenticité. Il serait d'ailleurs facile, pour plusieurs d'entre eux, de remonter aux sources originales.

(1639, 1661, 1684.) — « Trois pièces en parchemin, at-
« tachées ensemble, qui sont permissions du Roy accordées
« au dit deffunct sieur Siluestre d'imprimer ses ouvrages
« et ceux de Callot et de la La Belle, à l'exclusion de tous
« autres. La première de l'année mil six cens cinquante
« neuf, dont la datte du jour et du mois sont en blanc ; la
« seconde du vingt cinq octobre mil six cens soixante un,
« et la troisiesme et derniere du trente un juillet mil six
« cens quatre vingt quatre. Signées par le Roy, Phelypeaux,
« et toutes trois scellées du grand sceau de cire jaulne. »

(1660.) — « Lettres de naturalité du dit deffunct sieur
« Siluestre du huit.^{e} jour d'octobre mil six cens soixante.
« Signées sur le reply, par le Roy, Guitonneau, et scellées
« du grand sceau de cire jaulne. »

(1661.) — « Et pareillement des lettres de naturalité
« obtenues par le dit deffunct sieur Siluestre, le dernier

« jour de janvier mil six cens soixante un, signées sur le
« reply, par le Roy, de Loménie, et scellées du grand sceau
« de cire jaulne. Les dites deux lettres enrégistrées en la
« chambre des comptes, le vingtquatriesme jour de no-
« vembre mil six cens soixante, et unz.ᵉ jour d'avril mil six
« cens soixante un *.

(1661.) — « Une expédition en papier du testament et or-
« donnance de dernière volonté de deffunct sieur Israël Hen-
« riet, peintre et dessignateur ordinaire du Roy, receu par
« Gigot et Plastrier, notaires à Paris, le huict.ᵉ jour d'avril
« mil six cens soixante un, par lequel entr'autres legs et
« dispositions, le dit sieur Henriet a fait le dit feu sieur
« Siluestre son seul unique héritier et légataire universel
« de tous ses biens après son dit testament accomply, et
« l'avoir nommé par iceluy testament son exécuteur testa-
« mentaire, en suite duquel est un codicile fait par ledit
« deffunct et sieur Henriet le dix huit dudit mois d'avril

---

* Il n'est pas probable que des lettres de naturalité aient été accordées à Is. Silvestre en 1660 et qu'il en ait obtenu de nouvelles en 1661 ; il faut croire qu'il y a ici, dans l'inventaire, une erreur de nom, et que la première pièce se rapporte aux lettres de naturalité accordées à Is. Henriet. Ces dernières lettres, dont j'ai l'original entre les mains, portent, en effet, la date du 8 octobre 1660, et sont signées, sur le reply : par le Roi, Guitonneau.

Quant à l'original des lettres de naturalité obtenues en 1661 par Is. Silvestre, je ne sais ce qu'il est devenu ; l'inventaire en constate du moins l'existence et l'authenticité. J'ai voulu me procurer aux Archives impériales une expédition de ces lettres, mais j'y ai appris qu'elles faisaient partie de la collection des registres appelés *Mémoriaux* où on inscrivait, depuis le xɪɪᵉ siècle, tous les actes émanés de la chambre des comptes, et que cette collection avait été entièrement consumée par un incendie dans la nuit du 27 octobre 1737. Ce fut alors que le Roi chercha à remédier, autant que possible, à ce désastre, en ordonnant, par un édit rendu le 23 mai 1738, la réunion et la transcription de tout ce qu'on put trouver des copies éparses qui avaient été faites d'après ces registres avant l'incendie.

« mil six cens soixante un, reçu par Debierne et ledit Plas-
« trier notaires.

(1661.) — « La copie en parchemin collationnée à la mi-
« nute originale du contrat de mariage dudit feu sieur Sil-
« uestre et de laditte defuncte dame sa femme. »

(1666.) — « L'expédition en parchemin du contract de
« vente fait au dit defunct sieur Siluestre d'une maison rue
« du Mail, passé par deuant Monfle et Lefoing, notaires à
« Paris, le unziesme may mil six cens soixante six. »

(*Sans date.*) — « L'expédition en parchemin du contrat
« de vente d'une maison scize à Chaillot faite au dit feu
« sieur Siluestre.

(1664.) — « La grosse de l'inuentaire fait par Ogier et
« Levasseur, notaires à Paris, le seize septembre et jours
« suivants, mil six cens quatre vingt, à la requête dudit
« deffunct sieur Siluestre des biens et effets demeurez après
« le décès de la ditte dame Siluestre, clos au greffe du
« Chastelet le vingt troisiesme des dits mois et an inven-
« torié sur laditte grosse. »

(1680.)—« Expédition en papier d'un contrat passé parde-
« uant Dupuis et Plastrier, notaires à Paris, le trentiesme jour
« de nouembre mil six cens quatre vingt, entre les sieurs
« marguilliers de l'œuvre et fabrique de l'église royalle de
« Sainct Germain Lauxerrois à Paris d'une part, et ledit
« feu sieur Siluestre, d'autre part, par lequel ledit feu sieur
« Siluestre a fondé à perpétuité en lad.e église un obit pour
« le repos de l'âme de la ditte deffuncte damoiselle Hen-
« riette de Selincart sa femme, pour être dit le premier jour
« de septembre de chacunne année qui estoit le jour du dé-
« cès de laditte defuncte, le dit obit amplement expliqué
« au dict contract de fondation fait moyennant vingt cinq
« livres de rente annuelle et perpétuelle que ledit deffunct
« sieur Siluestre a crééz et constituez a la ditte fabrique,
« la ditte rente racheptable de cinq cens liures, comme il
« est plus au long parlé audit contract, aux marges duquel
« est la quitance passée devant Sadot et ledit Plastrier,

DOCUMENTS ET PIÈCES JUSTIFICATIVES. 159

« notaires, le neufviesme jour de may mil six cent quatre
« vingt quatre, par laquelle ledit sieur Siluestre a payé aux
« dits sieurs Marguillers la somme de cinq cens cinquante
« liures pour le rachapt et amortissement des dits vingt
« cinq liures de rente, et ce qui était deus pour les arre-
« rages d'icelle jusqu'au jour du dit rachapt. »

La description du monument funéraire élevé à Henriette Selincart a été donnée plus haut avec l'épitaphe que Darbay avait composée pour accompagner la peinture de Le Brun. Cette inscription contient des éloges qui paraissent, peut-être, excessifs, mais qui ne sont pourtant que mérités. Au reste, voici ce que dit, à ce sujet, Piganiol de la Force à la page 22 de sa *nouvelle édition* de 1765.

« Au premier pilier vis-à-vis la chapelle du Saint-Sacrement, est un châssis de marbre sur lequel *Le Brun* a peint une femme mourante, dont l'épitaphe est au bas. On croirait les éloges qu'on y lit excessivement exagérés, comme ceux de la plupart des épitaphes, mais des personnes dignes de foi, et qui ont connu très-particulièrement cette dame, m'ont assuré qu'on n'y avait exprimé qu'imparfaitement ses rares qualités. »

(1690.) — « L'expédition en papier du testament olo-
« graphe dudit deffunct sieur Siluestre dudit jour vingtiesme
« de may mil six cens quatre vingt dix, et codicile aussi
« olographe étant ensuite d'jceluy du troisiesme octobre
« aussi dernier, le tout déposé pour minute audit Moulli-
« neau notaire, par ledit sieur Le Maistre sieur du Brüeil
« exécuter les dits testament et codicile suivant l'acte du
« onziesme dudit mois d'octobre dernier inventorié sur la-
« ditte expédition. »

1691. *Brevet de logement au Louvre accordé à Ch. François Silvestre. 16 décembre.*

Aujourd'huy seiziesme décembre mil six cent quatre vingt onze, le Roi estant a Versailles, ayant gratifié Jean Berain du logement sous la grande galerie du Louure qu'occupoit feu Israël Siluestre, et celuy que led. Berain auoit cy deuant obtenu de sa Majesté se trouuant vacant par ce moyen. Elle a bien voulu en gratifier François Siluestre, fils dud. feu Siluestre, dessinateur, en considération de sa capacité et expérience dans son art, et à cet effet, sa Majesté luy a accordé et fait don dud. logement occupé par led. Berain, voulant qu'il en joüisse aux mesmes honneurs, priuilèges et exemptions dont joüissent les autres artisans qui sont logez sous lad. galerie, tant qu'il plaira a Sa Majesté, Laquelle mande et ordonne au s.r marquis de Villacerf, surintendant et ordonnateur général de ses bâtiments, de mettre led. Siluestre en possession dud. logement, et l'en faire jouir conformément au présent brevet que sa Majesté a signé de sa main et fait contresigner par moy con.er secrétaire d'Estat et de ses commandemens et finances.

« Louis.   Phelypeaux. »

Et en marge : Veu par Nous con.er du Roy en ses con.els sur intendant et ordonnateur g.nal des bâtiments, jardins, arts et manufactures de Sa Majesté, le présent breuet pour joüir de l'effet d'iceluy par led. Siluestre suivant l'intention de sad. Majesté.

Fait à Versailles, le vingtun.e décembre mil six cens quatre vingt onze.

Colbert de Villacerf.

1693. *Mariage de C. Fr. Silvestre. (Extrait des actes de l'État civil de la paroisse Saint-Germain-l'Auxerrois.)* 9 *juin.*

« Du mardy neufviesme juin.

« Charles-François, aagé de vingt-six ans, M⁰ à dessigner de Monseigneur le duc de Bourgogne et des pages des grande et petite écuries du Roy, fils de deffunct Israël Siluestre, vivant M⁰ à dessigner de Monseigneur le Dauphin, et de da.^{lle} Henriette Salincart, d'une part, et da.^{lle} Suzanne Thuret, aagée de dix-sept ans, fille de Isaac Thuret, orlogeur du Roy, de l'académie des sciences, et de deffuncte da^{lle} Magdelaine Hélot, touts deux de cette paroisse aux galleries du Louure, d'autre part, fiancés et mariés en mesme temps par permission de monseigneur l'archevesque de Paris, et dispense de deux bans en datte du huictiesme des p^{nts} mois et an. La d. dispense insinuée ce jourd'huy en présence de M⁰ Nicolas Petit, escuyer, sieur de Logny, ad^{at} au Parlement, beau-frère et cy-devant tuteur du marié et de dame Henriette Suzanne Siluestre, son espouse, sœur du d. marié, de Louis Siluestre, mousquetaire du Roy, d'Alexandre et de Louis Siluestre, frères du d. marié, de dame Élisabeth Sélincart, espouse du sieur Charles Nocret, premier valet de garderobbe de Monsieur, tante du d. marié, du d. Sr Isaac Thuret, père de la mariée, du sieur Jacques Thuret, frère de la d^e mariée et d'autres. »

(Suivent les signatures.)

1693. *Extrait du contrat de mariage de Ch. François Silvestre. 15 juin.*

« Furent p^{nts} sieur Charles François Siluestre, maître à
« dessiner de Monseig^r le duc de Bourgogne, et des pages
« des grande et petite escuries du Roy, dem^t en son
« appartement aux Galleries du Louure paroisse St Germain
« Lauxerrois, fils de deffuncts s^r Israël Siluestre dessina-
« teur ord^{re} du Roy, maitre a dessiner de monseigneur le
« Dauphin, et des pages des grande et petite écuries de
« Sa Majesté, son conseiller en l'Académie royalle de pein-
« ture et de sculpture, et de dame Henriette Selincart son
« espouze, ses père et mère, pour luy en son nom, d'une
« part, et sieur Isaac Thuret, orlogeur ordinaire du Roy,
« de l'Académie des sciences dem^t en son apartement aux
« sd. Galleries du Louure mesme paroisse de St Germain
« de Lauxerrois, stipulant pour demoiselle Suzanne Thuret,
« sa fille et de deffunte dam^{lle} Magdelaine Helot, son épouze, à
« ce présente et de son consentement, demeurante avec le d^t
« s^r son père pour elle et en son nom, d'autre part. Lesquels
« en la présence de Louis Siluestre mousquetaire du Roy,
« frère du futur espoux, Alexandre et Louis Siluestre aussy
« ses frères, Mre Nicolas Petit Sr de Logny, auocat en parle-
« ment, beau-frère et ci-deuant tuteur du d. futur espoux,
« et dame Henriette Suzanne Siluestre, son espouze, sœur,
« dame Élizabeth Selincart epouze de Charles Nocret, pre-
« mier valet de garderobbe de Son Altesse Royale, tante ma-
« ternelle, Mre Laurent Petit de Logny prieur commanda-
« taire, son amy, damoiselle Marie Thérèse Petit, fille amye,
« Jacques Thuret, frère de la damoiselle future épouse.
« Monsieur Louis Henry Desalles, con^{er} du Roy, auditeur
« ordinaire en sa chambre des comptes, amy commun. Ont
« reconnu auoir fait entr'eux les traittés de mariage qui sui-
« vent. C'est à savoir que le d^t s^r Thuret a promis donner

« la d.ᵉ damoiselle Thuret, sa fille, par nom et loy de ma-
« riage, au d. sʳ Siluestre, qui promet la prendre pour
« femme et légitime epouze, et d'en faire faire les solem-
« nitez en face de nostre Mère Sainte Église, le plustôt que
« faire se poura, et qu'il sera délibéré entr'eux.

. . . .
. . . .

« Fait et passé à Paris en l'apartement du dit sieur Thu-
« ret père, aux dittes galleries du Louure, l'an mil six cens
« quatre vingt treize, le sixiesme jour de juin après midy,
« et ont signé...... »

1694. *Extrait de baptême de Suzanne Silvestre (Saint-Germain-l'Auxerrois).*

« Le 24 juillet 1694, fut ondoyée la fille de monsieur Sil-
« vestre, maitre a dessigner de messeigneurs les Enfants
« de France et de Da.ˡˡᵉ Suzanne Thuré, sa femme.
« L'Enfant est né le mercredy, quatorzieme du présent
« mois.

« Leonard CHAPALAS, curé. »

1694. *Partage de la succession d'Is. Silvestre.*
10 *décembre.*

« Pardeuant les conᵉʳˢ du Roy, notaires gardenottes de
« Sa Majesté au Chastelet de Paris soussignez, furent pré-
« sents sʳ François Siluestre maistre à dessigner de Messei-
« gneurs les princes les ducs de Bourgogne, d'Anjou et de
« Berry, petits fils de France, et des pages des grande et

« petite écuryes du Roi, demeurant à Paris, aux Galleryes
« du Louure, parroisse Sainct Germain Lauxerrois, majeur;
« Sr Louis Siluestre cy deuant mousquetaire du Roy, de-
« meurant rue du Coq susd^e paroisse aussy majeur ; sieur
« Alexandre Siluestre demeurant rue des Prouuaires, pa-
« roisse St Eustache ; s^r Louis Siluestre demeurant rue des
« Nouuelles Catholiques susditte paroisse St Eustache. Les
« dits sieurs Alexandre et Louis Silvestre mineurs éman-
« cipez d'aage, proceddans sous l'auctorité de sieur Charles
« Nocret, premier vallet de garderobbe de son Altesse
« royalle Monsieur, fils de France, frère unique du Roy,
« Duc d'Orléans, leur curateur aux causes, demeurant aux
« susdites Galleries du Louure et mesme paroisse Sainct
« Germain L'auxerrois, à ce présent, qui les a aucthorizez
« et assistez à l'effet des présentes, et Mr Nicolas Petit
« sieur de Logny auocat en parlement, et dame Henriette
« Suzanne Siluestre son espouze qu'il authorize a l'effet
« des dittes présentes, demeurant rue Plastrière, sus ditte
« paroisse Sainct Eustache. Lesdits sieurs Siluestre et dame
« de Logny, frères et sœur, enfans et héritiers chacun pour
« cinquiesme de deffunct sieur Israel Silvestre, dessigna-
« teur ordinaire du Roy, m^{re} a dessigner de monseigneur le
« Dauphin et des pages des grande et petitte escuryes de Sa
« Majesté, et dame Henriette de Selincart son espouze leurs
« père et mère, Disans les parties que ledit sieur de Logny
« en qualité d'executeur du testament olographe du dit def-
« funct sieur Siluestre, déposé pour minute es mains de
« Moullineau, l'un des Conseillers du Roy, notaires soussi-
« gnez, le unziesme octobre mil six cens quatre vingt unze,
« et encore en qualité de cydeuant tuteur desdits sieurs Sil-
« uestre frères, ayant rendu compte tant de l'exécution du
« dit testament que de l'administration qu'il a eue des
« personnes et biens des dits sieurs Siluestre ses beau-
« frères, le dit compte examiné, clos et arresté entr'eux
« sous leurs signatures priuées le..... avril dernier. Leur
« desseing et volonté est présentement de partager entr'eux

« les biens et effets restans des successions desdits defuncts sieur et dame Siluestre, la masse desquels consiste en ce qui ensuit. »

La masse se composait, en tenant compte seulement des prix d'estimation, de la manière suivante :

Mobilier.	estimé	1102 L.	6 s.	6 d.
Habits et linge du défunt.	—	290	8	
Vaisselle d'argent et médailles.	—	1755		
Deniers comptants. . .	—	5707	16	
Tableaux.	—	737	2	
Estampes et dessins. .	—	2335	12	
Planches de Callot. . .	—	953	12	
Planches de La Belle..	—	234	4	
Planches d'I. Silvestre	—	1133	18	
Papiers blancs ou imprimés en rames.	—	330	10	
		14579	6	6
Maison rue du Mail. .	—	16000		
Maison à Chaillot. . .	—	3000		
1140 livres de rente	—	32000		
Rapport des enfants à à la masse.	—	21529		
		87108	6	6

Ce qui reviendrait de nos jours à plus de 250,000 francs. On voit qu'Israël Silvestre jouissait d'une certaine aisance, à laquelle venaient encore contribuer assez largement ses pensions et les bénéfices dus à ses travaux.

1695. *Brevet de M^c à dessiner des ducs de Bourgogne, d'Anjou et de Berry, accordé à Ch. François Silvestre.* 1er *janvier.*

« Aujourd'hui premier janvier mil six cent quatre vingt-quinze ; le Roy estant à Versailles, bien informé de l'expérience et capacité de Charles-François Siluestre, dessinateur, Sa Majesté l'a retenu et retient en l'estat et charge de M.^{e} de dessins de Monseigneur le duc de Bourgogne, et de Messeigneurs les ducs d'Anjou et de Berry, pour joüir de la d.^{e} charge aux mesmes honneurs, priuilèges, franchises, exemptions, appointemens et droits dont a joüy feu Israël Siluestre, M.^{re} à dessiner de Monseigneur le Dauphin, m'ayant Sa Majesté commandé d'en expédier au d. Charles-François Siluestre le p.^{nt} breuet qu'Elle a signé de sa main et fait contresigner par moy con.^{er} secrétaire d'estat et de ses commandemens et finances. »

« Louis.   Phelipeaux. »

1699. *Actes de naissance et de baptême de Nicolas-Charles de Silvestre.* (Extrait du registre des baptêmes de l'église royale et paroissiale de Notre-Dame de Versailles, diocèse de Paris pour l'année mil six cent quatre-vingt-dix-neuf.) 7 *et* 8 *mars.*

« L'an mil six cent quatre vingt dix-neuf, le huitième jour de mars, a été baptisé par moy soussigné, prêtre de la mission, Nicolas-Charles, né le septiéme des dits mois et an, fils de monsieur Charles-François Silvestre, maître à dessiner des princes, et de demoiselle Suzanne Turret, son épouse, de cette paroisse, demeurans dans la petite écurie du Roy. Le parrein, monsieur Nicolas Petit, sieur de Logny, et la marreine demoiselle Charlotte Nocret, fille de monsieur Nocret, premier valet de garderobbe de monsieur d'Orléans, frère unique du Roy, le père présent, qui ont signé. Ainsi signé Élizabeth-Charlotte Nocret, Petit de Logny, Silvestre et Le Dall, prêtre. »

1705. *Extrait du registre des actes de baptême de la ville de Versailles pour l'année 1705.*

« L'an mil sept cent cinq, le premier jour de mars, Élisabeth Marguerite, fille de Louis Siluestre, m^{re} a dessigner de Mgr le Dauphin, et de Marguerite Charvillat (*sic*) son épouse, née le vingt-sept du mois passé, a esté baptisée par moy, soussigné, curé de la paroisse de Versailles, le parein a esté Mre Hyacynthe de Goses Dumont escuyer du Roi et de Mgr, la mareine Dam^{lle} Élisabeth Chardon, épouse de Mre Henry René de la Chapelle, premier commis de Mr Pontchartrain, qui ont signé avec nous, le père absent pour cause de maladie. Signé Élisabeth Chardon et Dumont. »

1711. *Acte mortuaire de Suzanne Thuret, femme de Ch. François Silvestre.* (*Saint-Germain-l'Auxerrois.*)

« Du vendredy 7 aout 1711, Suzanne Thuret, femme de François Silvestre, Maitre à dessigner de Monseigneur le Dauphin, âgée de trente-six ans, décédée ce jourd'huy à trois heures du matin, aux Galleries du Louure, a été inhumée en présence de Louis Silvestre, professeur en l'académie de peinture et de sculpture, beaufrère de la deffuncte et de Jacques Thuret horlogeur ordinaire du Roy, frère de la deffuncte qui ont signé. »

1713. *Mariage de Suzanne Silvestre avec J. Baptiste Le Moyne, sculpteur du Roy.*

Saint-Germain-l'Auxerrois, 7 février.

« Jean Baptiste Le Moyne, âgé de trente et un an, sculpteur du Roy, fils de Jean Le Moyne, peintre du Roy, vallet de chambre de monsieur le duc d'Orléans, et de Geneviève Le Blond, de la paroisse de S.ᵗ Sauveur, d'une part, et Geneviève Suzanne Silvestre, âgée de dix neuf ans, fille de François Silvestre, Mᵉ à dessiner des princes, et de deffuncte Suzanne Thuret, aux Galleries du Louvre de la dite paroisse d'autre part, ont été mariés de leur mutuel consentement, par Mᵉ André Chabert, prestre, docteur en théologie, pensionnaire du Roy et du clergé pour les nouveaux convertis, par la permission de Mʳ le curé, en présence desdits Jean Le Moyne et Geneviève Le Blond, père et mère du marié, de Jean Louis Le Moyne sculpteur du Roy, demeurant rue Neuve St.-Roch, frère du marié, dudit François Silvestre, père de la mariée; de Louis Silvestre, peintre du Roy et professeur en son Académie Royalle de peinture et sculpture; de Jacques Thuret, horlogeur du Roy; de Charles Nocret, premier vallet de garde robe de monsieur le duc d'Orléans, aussi aux Galleries du Louvre, oncle de la mariée; de Mʳᵉ Louis Le Blond, prestre, docteur en Sorbonne et chanoine de cette paroisse, cousin de la mariée. »

1714. *Démission de Ch. François-Silvestre, en faveur de N. Charles son fils. 31 mars.*

« Par devant les conseillers du Roy, notaires au Chatelet de Paris soussignez, fut présent François Siluestre, maitre à dessigner des pages de la Grande Ecurie du Roy, demeurant à Paris aux galeries du Louure, paroisse Saint-Germain-l'Auxerrois.

« Lequel s'est, par ces présentes, volontairement démis et se démet, sous le bon plaisir du Roy, entre les mains de Son Altesse le comte Darmagnac, pair et grand escuyer de France, de sa charge de maitre à dessigner des pages de la Grande Escurie de Sa Majesté, pour et en faueur de Nicolas-Charles Siluestre son fils, à condition toutefois de suruiuance, consentant que tous brevet et lettres de retenue nécessaires luy en soient expédiés, signés et délivrés promettants, obligeants, renonçants. Fait et passé à Paris en la demeure du sieur comparant, l'an mil sept cent quatorze, le trente un mars. Et a signé. »

« Siluestre,

« Marchand,   Chevre. »

1714. *Certificat de transmission sur N. Charles Silvestre de la charge de M^e à dessiner des pages de la Grande-Ecurie. 2 avril.*

« Louis de Lorraine, comte d'Armagnac, de Charny, de Brióne, etc., chevalier des ordres du Roy ; pair et grand écuyer de France ; grand sénéchal héréditaire de Bourgogne; gouverneur pour Sa Majesté du païs d'Anjou, villes et chateaux d'Angers et du pont de Céé.

« Nous certifions que le Roy a accordé à Nicolas-Charles Silvestre, la charge de maitre à dessigner des pages de la grande écurie de Sa Majesté, dont est pourvu et paisible possesseur François Siluestre son père, vacante par la démission qu'il en a faite entre nos mains, en faueur dudit Nicolas-Charles Siluestre son fils, à condition toutefois de suruiuance, priant monsieur de Ponchartrain, con^{er} du Roy en ses conseils, secrétaire d'État et des commandements de Sa Majesté, de luy en faire expédier et déliurer les lettres de retenue nécessaires.

« A Versailles ce deuxiesme jour d'auril mil sept cent quatorze.

« Louis de Lorraine, grand escuyer de France.

« Par Monseigneur LECLEZE. »

1714. *Brevet de M. a. d. des pages de la Grande-Écurie, accordé à N. Charles Silvestre.* 10 avril.

« De par le Roy,

« Grand escuyer de France et vous, trésorier et controlleurs généraux du fait et dép^{se} de nos escuries, salut. Les seruices qui nous ont esté rendus par François Siluestre en la charge de M^e à dessiner des pages de n^{re} grande escurie, nous ayant fait agréer la démission qu'il a fait de lad. charge en faueur de Nicolas-Charles son fils, à condition de suruiuance, et estant informez de sa bonne conduite et de ses sens, suffisance, expérience, fidélité et affection à nous seruir. A ces causes, nous avons led. Nicolas Charles Siluestre, ce jourd'huy retenu et retenons par ces présentes signées de n^{re} main, en l'état et charge de M^e à dessiner des pages de n^{re} grande écurie, sur la démission de François Siluestre son père, à la condition de suruiuance, pour par luy l'exercer en l'absence et suruiuance de son d. père, en joüir et user aux honneurs, authoritez, prérogatiues, priuiléges, franchises, libertés, gages, droits, fruits, profits, reuenus et émolumens accoutumez et y appartenans, tels et semblables qu'en joüit ou doit joüir son d. père, et ce tant qu'il nous plaira, sans qu'avenant le décez de l'un ou de l'autre la d. charge puisse estre déclarée vacante ny impétrable sur le suruiuant, attendu le don que nous luy en faisons dez a présent, ny qu'ils soient tenus de prêter autre serment que celuy qu'en a fait led. Siluestre père, et celuy qu'en fera son fils en vertu des présentes. Si nous mandons qu'après vous estre aparu des bonnes mœurs, religion Catholique, Apostolique et Romaine du d. Siluestre fils, et de luy pris et reçu le serment en tel cas requis et accoutumé, vous ayez à faire registrer ces présentes es registres et papiers de nos d. Écuries, et du contenu cy-dessus. Ce faire joüir et user pleinement et paisiblement, obeir et entendre de tous ceux et ainsy qu'il app.^{rs} es choses concernant la d. charge. Mandons en outre a vous trésorier que les d. gages et droits vous ayiez a payier au d. Siluestre pere sa vie, et apres son decez ou de son consentement pendant sa vie a son d. fils, a l'auenir par chacun an ; aux termes et en la manière accoutumez suivant nos États, car tel est notre plaisir. Donné à Versailles sous le scel de n^{re} secret, le dixiesme auril mil sept cent quatorze. »

« Louis.
« Par le Roy Phelypeaux. »

Se trouve en marge, la prestation du serment faite à Versailles par N. Charles, entre les mains de Son Altesse Louis de Lorraine, à la date du 11 avril 1714, certifiée par le secrétaire de Monseigneur Lecleze.

Et au verso, se trouve le certificat de contrôle et d'enregistrement dudit brevet, par le contrôleur général des écuries du roi, le comte de Braque, daté de Paris, 1739, 20 février.

1717. *Brevet de M⁺ à dessiner du Roi Louis XV accordé à Charles-François Silvestre.* 10 *février.*

« Aujourd'huy dixième feurier mil sept cens dix-sept, le Roi estant à Paris, bien informé de l'expérience et de la capacité de Charles François Siluestre, dessinateur; et considérant d'ailleurs qu'il a eu l'honneur de montrer à dessiner à feu Monseigneur le Dauphin, père de Sa Majesté, au Roy d'Espagne et à feu Monseigneur le duc de Berry, ses oncles, et que le père du d. Siluestre a pareillement eu l'honneur de montrer à feu Monseigneur le Dauphin, agent de Sa Majeste, Elle a cru par toutes ces considérations ne pouvoir faire un meilleur choix que dud. Siluestre pour son maître à dessiner, et en même temps, par une grâce particulière, Elle a voulu acorder la suruiuance de cet employ à Nicolas Charles Siluestre son fils, sur les témoignages qui luy esté rendus de sa sagesse et de sa capacité. Pour cet effet, Sa Majesté, de l'auis de monsieur le duc d'Orléans, son oncle Régent, a retenu et retient les d. Siluestre père et fils, pour luy montrer à dessiner et joüir par eux de lad.ᵉ charge en l'absence et suruiuance l'un de l'autre, aux honneurs, authoritez, prerogatiues et prééminences qui y apartiennent. et aux mêmes gages, liurées, entretenemens et autres auantages dont led. Siluestre père a joüy en qualité de M.ᵉ à dessiner de feu Monseigneur le Dauphin, ainsi qu'ils seront employez dans les États de sa maison. Mande et ordonne à cet effet Sa Ma.ᵗᵉ, aux gardes de son trésor royal, tresoriers généraux de sa maison et M.ˢ de sa chambre aux deniers, de payer au d. Siluestre père, les d. gages, liurées, et entretenemens, et après son decez, ou de son consentement pendant sa vie à son d. fils, aux termes et en la manière accoutumez, en vertu du présent breuet que Sa Majesté a pour assurance de sa Volonté signé de Sa main, et fait contresi-

DOCUMENTS ET PIÈCES JUSTIFICATIVES. 173

gner par moy con.ᵉʳ secrétaire d'état et de ses commandemens et finances.

« Louis.   Phelypeaux. »

Et au verso : « Enregistrées es registres du controlle général de la maison du Roi par nous conseiller du Roy en ses conseils, controleur général de la maison de Sa Majesté soussigné. A Versailles le sept may mil sept cent trente-huit.

« Felix. »

1717. *Contrat de mariage de Nicolas-Charles de Silvestre.* (Extrait du contrat de mariage de Nicolas-Charles Silvestre.) 5 *avril.*

« Furent présens le sieur Nicolas Charles Silvestre,
« maître à dessiner du Roy, fils du sieur François Silvestre
« aussy maître à desiner du Roy, et de deffuncte demoiselle
« Suzanne Thuret son epouse, assisté du dit sieur François
« Silvestre son père, à ce présent, demeurans aux galleries
« du Louvre, paroisse Saint-Germain-Lauxerrois, d'une
« part. Le sieur Jean Lebas, ingénieur des mathématiques
« de Sa Majesté, et demoiselle Catherine Charlotte Le Roy
« son épouse qu'il auctorise à l'effet des présentes, demeu-
« rans de même aux galleries du Louvre de la dite paroisse
« Saint-Germain-Lauxerrois, tant en leurs noms que comme
« stipulans pour demoiselle Madeleine Charlotte Lebas, leur
« fille, demeurante avec eux, à ce présente et de son con-
« sentement, d'autre part.

« Lesquels en présence et de l'avis de leurs parens et
« amis cy après nommés, sçavoir, du côté du dit sieur Sil-

« vestre, du sieur Lemoine peintre de l'Académie de pein-
« ture et sculpture à Paris, damoiselle Suzanne Silvestre,
« son épouse, sa sœur ; du sieur Thuret, maître orloger à
« Paris, oncle à cause de la demoiselle son épouse, et du
« côté de laditte demoiselle Lebas, du sieur Jean-Baptiste
« Le Roy, maître menuisier à Paris, ayeul maternel, René
« Flagy maître fourbisseur, Anne Le Roy, sa femme, tante,
« de monsieur Delaunay, conseiller, secrétaire du Roy, di-
« recteur général de l'hôtel des médailles, et de demoiselle
« Charlotte Legay veuve du sieur Malvillain, amis.

« Ont reconnu et accordé le présent traité de mariage aux
« clauses, conditions et conventions qui suivent. »

...... « Fait et passé en la demeure des dits s.r et
« d.elle Lebas, aux galleries du Louvre, le cinquième d'avril,
« mil sept cent dix sept, après midi, et ont signé ainsy
« signé Silvestre, J. Lebas, Catherine Charlotte Le Roy,
« Madeleine Charlotte Lebas, avec Debeauvais et Marchand,
« notaires avec paraphe. »

1738. *Extrait de l'inventaire de Charles François Silvestre.* 15 février.

« L'an mil sept cent trente huit, le quinzieme jour de
« feurier, neuf heures du matin, à la requeste de sieur Ni-
« colas Charles Silvestre, maître à dessiner du Roy, des
« princes et des pages, demeurant à Versailles, aux petites
« écuries du Roy, et sieur Louis Gilbert, commis de la ma-
« rine, demeurant aussy à Versailles aux petites écuries,
« au nom et comme procureur de sieur Jean Louis Lemoyne
« sculpteur ordinaire du Roy, tuteur de Marie René, fils
« mineur de Jean Baptiste Lemoyne sculpteur du Roy, et
« de d.elle Suzanne Silvestre ses père et mère *, fondé de la

* On va voir plus bas, d'après le texte de la procuration, que le

« procuration spéciale à l'effet des présentes, passée par
« devant Gervais et Perret, notaires à Paris, le unze du
« présent mois demeurant en original annexée à la minute
« des présentes, le dit sieur Silvestre et le dit mineur Le-
« moyne, par représentation de la ditte dame sa mère,
« seuls habiles à se dire et porter, chacun pour moitié hé-
« ritiers de deffunt Charles François Silvestre, maître à
« dessiner du Roi, des princes et des pages, leur père et
« grand père, et va être par moy François Noël Demarund,
« conseiller du Roy, notaire au Chatelet de Paris, d'où je
« me suis exprès transporté ce dit jour en la ville de Ver-
« sailles, présens les témoins susnommés, fait inventaire
« fidel et description de tous et uns chacuns les biens,
« meubles meublans, ustencils d'hôtel, vaisselle d'étain et
« argent, deniers comptants, titres, papiers et enseigne-
« ments, étants de la succession du dit feu sieur Silvestre
« trouvés et étants dans l'appartement qu'il occupait aux
« petites écuries à Versailles ou il est décédé le huit du
« présent mois, le tout représenté et mis en évidence par
« le dit sieur Silvestre, et par Jeanne Gibert, fille, cuisi-
« nière, et Louis Tirion laquais domestique du dit deffunt,
« après serment par chacun d'eux séparément fait de re-
« présenter et mettre en évidence sous les peines de droit
« en tel cas introduites, les dits biens meubles prisés et
« estimés par Noël Ragot huissier a cheval au Chatelet de
« Paris, et priseur à Versailles, y demeurant à ce présent
« qui a promis faire la dite prise en son âme et conscience,
« eu égard au temps présent, ainsi qu'il en suit. Et ont
« signé... »

Suit la teneur de la procuration ci-devant mentionnée.

« Pardevant les conseillers du Roy, notaires au Chatelet
« de Paris, soussignez, fut présent sieur Jean Louis Le-
« moyne, sculteur ord.^{re} du Roy demeurant à Paris au

---

clerc s'est ici trompé en écrivant Marie René, fils mineur, au lieu
de Marie Renée, fille mineure.

« Vieil Louvre, paroisse St Germain Lauxerois, au nom et
« comme tuteur de Marie Renée Lemoyne, fille mineure de
« Jean Baptiste Lemoyne, sculpteur du Roy, et de damoi-
« selle Suzanne Silvestre, ses pere et mere. La dite damoi-
« selle habile à se dire et porter héritière pour moitié de
« feu Charles François Silvestre, maître a dessiner du Roy,
« son ayeul maternel.

« Lequel a fait et constitué son procureur général et
« spécial sieur Louis Gilbert, commis de la marine, de-
« meurant à Versailles, auquel il donne pouvoir de pour
« luy et en son nom, faire procéder à la reconnaissance et
« levée des scellez si aucuns sont apposez sur les biens et
« effets du dit feu sieur Silvestre, et a l'inuentaire des dits
« biens et effets, nommer et convenir à ces effets d'office
« et faire pour le dit constituant réquisition, déclarations
« et protestations et réclamations que le dit sieur procu-
« reur constitué jugera à propos, convenir pareillement
« de dépositaire des effets de ladite succession, s'en charger
« si bon luy semble, et généralement faire à ce sujet tout
« ce qu'il appartiendra, promettant l'avouer et avoir pour
« agréable. Fait et passé à Paris en études, l'an mil sept
« cens trente huit, onze feurier, et a signé ainsy signé
« Lemoyne, Gervais et Perret, notaires, avec paraphes, et
« à côté est écrit scellé le dit jour avec paraphe. »

1738. *Brevet de logement aux galeries du Louvre,
accordé à N. Charles Silvestre. 11 mars.*

« Aujourd'huy onze mars mil sept cent trente-huit, le Roy
étant à Versailles, désirant gratifier et traiter favorablement
le S. Siluestre son maître à dessiner, Sa Majesté luy a
accordé et fait don du logement qu'occupoit aux galleries du
Louure le feu Sr François Siluestre son père, pour par luy

en joüir ainsy qu'en jouissoit sondit père. Mande et ordonne Sa Majesté au S.ʳ Orry directeur général de ses bâtimens, arts et manufactures, de faire jouir le d. S.ʳ Siluestre pleinement et païsiblement du contenu au présent breuet que, pour assurance de sa volonté Sa M.ᵗᵉ a signé de sa main et fait contresigner par moy con.ᵉʳ secrét.ʳᵉ d'Etat et de ses commandemens et finances. »

« Louis. Phélypeaux. »

Et en marge : « Veu, par nous Orry, directeur général des bâtimens du Roy, arts, académies et Manufactures Royales, le présent brevet, pour jouir de l'effet d'iceluy par le S.ʳ Silvestre, suivant l'intention de Sa Majesté. Fait à Versailles le dix-neuf mars mil sept cent trente-huit. »

« Orry. »

1738. *Brevet de Mᵉ à dessiner du Dauphin et des Enfants de France, accordé à N. Charles Silvestre. 15 mars.*

« Aujourd'huy quinze mars mil sept cens trente huit, le Roi étant à Versailles, voulant donner au s.ʳ Nicolas-Charles Silvestre son maitre à dessiner, des marques de la satisfaction que Sa Ma.ᵗᵉ ressent de ses services, l'a retenu et retient en la charge de M.ᵉ a dessiner de monsieur le Dauphin et des Enfants de France, au lieu et place du feu S.ʳ Silvestre son père, pour par luy en jouir et user aux honneurs, gages, livrées et entretennemens, ainsi qu'en a joüy ou du jouir led. feu S.ʳ son père, et ce tant qu'il plaira à Sa Majesté, laquelle mande et ordonne aux gardes de son trésor Royal, trésoriers généraux de sa maison et M.ᵉ de sa chambre aux deniers, de payer à l'avenir aud. S.ʳ Silvestre les d. gages, livrées et entretennemens à commencer du premier janvier dernier, aux termes et en la manière accoutumés en vertu du présent brevet, que pour assurance de sa volonté Sa Ma.^{té} a signé de sa main et fait contresigner par moy con.^{er} secrétaire d'état et de ses commandemens et finances. »

« Louis.   Phelypeaux. »

Et à la marge se trouve le certificat de contrôle et d'enregistrement dudit brevet, par le controleur général de la maison et chambre aux deniers, à Versailles le 7 mai 1738, signé Felix.

1740. *Acte de décès de Louis Silvestre (l'aîné). 19 avril.*

Extrait des registres de Saint-Eustache :
« Ledit jour Louis Silvestre âgé de soixante douze ans, peintre ordinaire du Roy, demeurant rue du Mail, décédé d'hier, a été inhumé au cimetière de cette paroisse, en présence de Louis Barère, peintre de l'Académie de St Luc, son gendre, et de François Hutin, bourgeois de Paris. »

« Barère.   F. Hutin. »

QUELQUES PIÈCES RELATIVES A LOUIS DE SILVESTRE (LE JEUNE).

1718.

Grodno, 4 nov. 1718.

« . . . Vous avez bien fait de commander à Silvestre des dessins pour les plafonds des appartements, mais je trouve à propos qu'il en fasse la peinture sur toile et non en fresque; car, si, un jour, on venait à détruire ces plafonds, la peinture serait perdue ; au lieu qu'étant peinte sur de la toile on pourrait toujours employer la peinture ailleurs. D'un autre côté, Silvestre devant travailler en hiver, il le fera plus commodément et plus promptement sur de la toile. »

(*Archives de Dresde.* Lettres et ordres du Roi au comte de Wackerbarth, ministre du cabinet.)

1727.

Décret royal qui nomme Louis de Silvestre directeur de l'Académie de peinture de Dresde.

« Sa Majesté, Roi de Pologne et Altesse Electorale de Saxe, nomme, par le présent décret, Louis Silvestre, premier peintre de la Cour et maitre de l'academie de dessin à Dresde, Directeur de l'académie de peinture, pour en remplir les fonctions, mais sous réserve de la direction spéciale et supérieure du Conseiller intime, et ministre du Cabinet royal, le général comte de Wackerbarth. Sa Majesté veut et ordonne, par le présent décret, que Silvestre soit reconnu et traité comme tel par tout le monde. En foi de quoi, le présent décret a été expédié avec la signature et le sceau de Sa Majesté royale et Altesse Electorale.

« Varsovie, 12 avril 1727.

« G. W. WALTHER,
« Jean, comte DE WACKERBARTH. »

(*Archives de Dresde.*)

180   DOCUMENTS ET PIÈCES JUSTIFICATIVES.

1739.

« Weissenfels, 5 juin 1739.

« Monsieur,

« Le porteur de la présente, fils de mon architecte, montrant du talent pour la peinture et allant, pour y profiter, s'arrêter quelque tems à Dresde, je serais bien aise d'être informé s'il a un véritable talent en peinture et s'il y a apparence qu'il y réussisse.

« Vous voudrez bien excuser, monsieur, si je m'adresse à vous. Vous êtes juge compétent, et votre amitié pour moi vous engagera, non-seulement à me dire votre sentiment, mais aussi à luy donner, en cette circonstance, votre protection et l'assister de vos instructions.

« Je souhaiterais, à mon tour, des occasions de vous prouver la véritable estime avec laquelle je suis,

« Monsieur,

« Votre affectionné

« Jean ADOLPHE[*]. »

(*Archives de Dresde.*)

1740.

Le comte de Brühl à M. de Bruis, à Paris.

« Dresde, 22 sept. 1740.

« Monsieur,

« Le S.ʳ Silvestre, fils de notre célèbre premier peintre de la Cour, et Directeur des peintures, allant en France pour faire quelque séjour à Paris, je ne saurais le laisser partir

---

[*] Le duc Jean Adolphe II de Saxe Weissenfels.

sans vous le recommander de mon mieux, tant par affection pour son père, que parce qu'il a déjà fait aussi, lui-même, quelques progrès remarquables dans cet art excellent. Je vous saurai bon gré des amitiés et assistances que vous lui aurez faites dans les occasions où il aura recours à vous ; et je suis avec estime et sincérité,

« Monsieur,

« Comte Brühl. »

(*Lettres du ministre, comte de Brühl. Archives de Dresde.*)

1741.

A M. de Silvestre, directeur de l'Académie du Roy.

« Hubersburg, 20 nov. 1741.

« Monsieur,

« Le Roy voulant donner son portrait, jusqu'aux genoux et en habit polonais, j'ay à vous prier de vouloir bien prendre la peine de m'en faire un aussitôt que possible. M.' le chambellan Moegher* vous dira qu'il doit servir de nouvelle preuve à messieurs les Français de l'habileté de votre pinceau. Je suis parfaitement...

« Comte Brühl. »

(*Archives de Dresde.*)

* Taddæus de Moegher, dont il est ici question, naquit en France, en 1695, d'une catholique irlandaise. Il quitta son pays pour entrer au service de Saxe. Favori des rois Auguste II et Auguste III, il parcourut avec distinction la carrière militaire. Il fut lieutenant général, capitaine de la garde suisse, chambellan du roi, et mourut à Dresde en 1765. (*Archives pour l'histoire de la Saxe*, par Ch. de Weber).

1746.

Le 28 avril 1746, le Roi accorde des gratifications à quelques personnes de la cour, parmi lesquelles se trouve Louis de Silvestre.

« Nous accordons aussi à M. Louis de Silvestre 241 thalers, annuellement, pour l'entretien de deux chevaux, à partir du 1ᵉʳ mai jusqu'à nouvel ordre, sur la caisse de notre trésor, qui seront payés sous quittance.

« A. R.

« Comte de Brühl. »

1765.

Lettre de François-Charles [*], fils de Louis de Silvestre, au prince Xavier, administrateur de l'Électorat de Saxe, frère de la Dauphine.

« Paris, 21 mars 1765.

« Monseigneur,

« Feue Sa Majesté [**] de glorieuse mémoire, étant à Paris en 1713, commença la prospérité de ma famille en engageant feu mon père au service de votre auguste Maison, honneur dont il a joui pendant quarante-cinq ans. Sa Majesté, satisfaite de ses travaux et aussi de sa conduite, l'honora, lui et sa famille, de lettres de noblesse, et lui permit de retourner dans sa patrie où il a continué à travailler pour son maître. En partant de Dresde, il a laissé en depôt

---

[*] Il avait succédé à son père comme directeur de l'Académie de peinture de Dresde.
[**] Auguste III, Roi de Pologne, Electeur de Saxe, mort le 5 octobre 1763.

à la steur[*], la fortune qu'il avait légitimement acquise; tout a été perdu. De plus, mes effets ayant été brûlés à Dresde par le feu des Prussiens, et n'ayant rien reçu depuis Pâques 1755, feue La Majesté la Reine me permit de venir chercher des secours auprès de ma famille.

« J'ose représenter à votre Altesse Royale que personne n'est plus porté que moi à faire un sacrifice, selon mon état, pour participer au soulagement d'un pays qui me rappellera toujours les Augustes Maîtres à qui j'ai eu le bonheur d'appartenir.

« Permettez, au moins, Monseigneur, que je réclame, au besoin, deux années de mes pensions et des intérêts de mes fonds, dont je ne puis jouir, et qui m'étaient dus avant la guerre.

« Il est bien dur, Monseigneur, de me voir forcé de déclarer à mes enfants, tous trois Saxons, que c'est là ce qui reste d'un bien que feu leur grand-père a acquis, avec honneur, dans leur propre pays, en quarante-cinq années de service. J'ai toute confiance dans les bontés de votre Altesse Royale, et j'ose espérer qu'Elle voudra bien faire revivre, en leur faveur, les bienfaits de nos augustes maîtres, et leur faire part des grâces qu'Elle accorde, chaque jour, à leurs compatriotes.

« Il ne me reste, comme consolation, que l'honneur de pouvoir exprimer à Madame la Dauphine toute la reconnaissance et les respectueux remerciements que je dois à votre auguste Maison.

« Permettez qu'avec les mêmes sentiments j'ose me dire,
« Monseigneur,
« De votre Altesse Royale
« Le très-humble et très-obéissant serviteur,
« François-Charles DE SILVESTRE. »

[*] Le trésor public.

Suite des quelques pièces relatives à Louis de Silvestre
(le jeune).

J'extrais du musée Filhol une page intéressante où Louis de Silvestre donne des renseignements sur lui-même, après avoir quitté la Saxe pour se fixer à Paris.

On lit dans la trente-deuxième livraison de cet ouvrage :

« Silvestre a eu moins de réputation qu'il ne méritait
« d'en avoir. Nos lecteurs ne seront peut-être pas fâchés
« d'avoir, au moins, une idée générale de ce qu'il était. Le
« Roi de Pologne, Auguste III, dont il possédait la bienveil-
« lance, lui avait demandé des notes sur les peintres fran-
« çais, et son sentiment sur les divers degrés de leurs
« talents. Voici ce qu'il dit de lui-même dans cette corres-
« pondance ; ce sont ses propres expressions que nous
« extrayons de son manuscrit. Quand il écrivit cet article,
« il avait 75 ans :

« Louis de Silvestre, né à Paris en 1675, fils puiné d'I-
« sraël Silvestre, élu adjoint à professeur le 5 janvier 1704,
« professeur le 3 juillet 1706 ; appelé en 1716, avec la per-
« mission de Sa Majesté très chrétienne, pour aller auprès
« de Sa Majesté le Roi de Pologne, Auguste II, Électeur de
« Saxe, en qualité de son premier peintre; déclaré, en 1720,
« ancien professeur de l'Académie de Paris ; nommé en 1726,
« par Sa Majesté Polonaise, directeur de son Académie de
« peinture, établie à Dresde, et décoré, en 1742, par Sa Ma-
« jesté Auguste III, de lettres de noblesse ; enfin, le 7 juin,
« 1748, élu ancien recteur de l'Académie de Paris, lorsqu'il
« y retourna avec la permission de Sa Majesté Polonaise,
« dut aux ouvrages publics qu'il avait faits à Paris et à
« Versailles, l'honneur que lui avait fait Auguste III, alors
« prince royal, de se l'attacher et de l'engager au service
« du Roi son père. Ceux qu'il a faits à Dresde, pendant
« trente-deux ans, sont considérables par le nombre. C'est

« à ses augustes maîtres à décider si le travail, l'applica-
« tion et le zèle peuvent encore leur donner quelque autre
« prix, et l'on peut bien s'en fier a leurs lumières. A en ju-
« ger par les bontés dont ils l'ont comblé, il serait tenté de
« dire avec le Corrège, auquel il n'a garde, cependant, de
« se comparer : *Ed io anche son pittore.* »

Filhol a donné le renseignement qui précède dans le troisième volume de sa *Galerie du musée Napoléon*, au sujet du tableau de L. de Silvestre, qui représente *saint Benoît ressuscitant un enfant,* et qui, par erreur, a été exposé et catalogué, au Louvre, sous le nom de Bon-Boulongne.

Filhol, dans son ouvrage, a fait graver, avec beaucoup de soin, ce tableau qu'il décrit et qu'il considère comme une œuvre remarquable. Voici comment il s'exprime dans le texte qui accompagne sa planche :

« L'habile peintre dont nous offrons ici l'ouvrage a choisi le moment où... (*suit la description de la scène miraculeuse*).

« Quand Silvestre n'aurait fait que ce tableau, il mériterait une place distinguée dans la galerie des peintres illustres. Bien qu'il fût élève de Bon-Boulongne, on voit qu'il s'est, ici, pénétré du sentiment exquis de Lesueur. Ce célèbre peintre n'aurait pas désavoué les trois Religieux. Les paysans rentrent davantage dans le style de La Fosse. Quant à la couleur du tableau, la teinte tire un peu sur le jaune. »

On peut voir, aujourd'hui, que cet inconvénient signalé par Filhol a disparu avec le temps. L'auteur ajoute :

« Ce fut pour les bénédictins de St.-Martin-des-Champs, à Paris, que Silvestre composa ce tableau, et ils le placèrent dans leur réfectoire. Il est maintenant au musée de Versailles [1], où il est inscrit sous le nom de Bon-Boulongne. »

---

[1] Ce tableau fut transporté du Louvre à Versailles, lorsque, en

Mais Louis de Silvestre n'avait pas fait ce seul tableau pour le cloître de Saint-Martin-des-Champs. Avant que d'aller se fixer en Saxe, il avait reçu des religieux de Saint-Martin la commande d'une suite de neuf tableaux sur la vie et les miracles de saint Benoît, tableaux qui furent exécutés et placés par les bénédictins dans le réfectoire de leur couvent. Si Filhol, dans son ouvrage sur le musée du Louvre, ne mentionne que celui qui représente saint Benoît ressuscitant un enfant, c'est que, naturellement, il ne pouvait citer et décrire que les tableaux qui entraient dans la composition du musée, et que c'était le seul des neuf tableaux de Silvestre qui en faisait partie.

Ces neuf tableaux étaient destinés à remplacer, dans le réfectoire du cloître, des fresques presque détruites par le temps, et qui représentaient également les principales actions de la vie de saint Benoît. Ces fresques se trouvaient placées entre le lambris dont le réfectoire était orné, et la partie inférieure des croisées. Leur hauteur était de 1^m,50 d'après Albert Lenoir, qui a dessiné et publié les plans, coupes et élévations des bâtiments du cloître. Elles furent couvertes par un attique dont la boiserie servit d'encadrement aux peintures de Louis de Silvestre, et on peut voir que le tableau qui est au Louvre, sous le nom de Bon-Boulongne, et qui a 2^m,40 de largeur sur 1 mètre seulement de hauteur, faisait manifestement partie de la décoration de cet attique.

Des écrivains contemporains, comme Germain Brice, Piganiol de la Force, Dargenville, citent ces peintures de Louis de Silvestre dans la description qu'ils font du cloître de Saint-Martin-des-Champs [*].

---

l'an X, il fut décidé qu'on établirait, dans cette ville, un musée spécialement destiné aux œuvres de l'École française. Pour former cette nouvelle galerie, on envoya de divers côtés, mais particulièrement du musée de Paris, une grande quantité de tableaux de l'École française, qui, lors de la suppression du musée de Versailles, furent rendus au Louvre pour faire partie du musée Napoléon.

[*] 1° *Germain Brice* s'exprime ainsi en mentionnant dans sa

Le seul des tableaux de Silvestre qui décoraient l'attique du réfectoire de Saint-Martin, le seul qui entra, par la suite, au musée du Louvre, fut attribué à Bon-Boulongne. Sans chercher, tout d'abord, ce qui a pu causer cette erreur, je veux faire voir que Bon-Boulongne ne saurait être l'auteur du tableau en question.

Je ferai observer premièrement que les écrivains du temps, qui, à diverses époques, ont donné la description du

Description de Paris les tableaux qui ornaient le réfectoire de Saint-Martin :

« Le réfectoire de cette maison est, dans son genre gothique, un des plus beaux édifices qui se puissent voir. Les voûtes en sont élevées et d'une légèreté et d'une hardiesse surprenantes, soutenues sur des colonnes en perches d'une extrême délicatesse. Ce réfectoire est orné d'un lambris très-propre dans l'attique duquel on a mis plusieurs peintures qui représentent la vie de saint Benoît, faites par *Silvestre*, de l'Académie, à présent en Saxe, où il travaille avec beaucoup de succès. »

2° Voici ce que *Piganiol de la Force* dit sur le même sujet dans sa *Description historique de la ville de Paris* :

« En y entrant (dans le réfectoire), on voit un grand tableau qui occupe le reste de la face où est la porte, et qui représente Jésus-Christ qui, après la tentation, est servi par les anges. Ce tableau est bien composé et bien dessiné ; il est de *Poilly*, élève de *Jouvenet*.

« Dans l'attique du lambris dont ce réfectoire est orné, sont plusieurs tableaux qui représentent les actions principales de la vie de saint Benoît. Ces tableaux sont presque tous de *Louis Silvestre*, peintre habile de l'Académie de peinture. Je dis presque tous, parce qu'il y en a deux qui sont de *Galloche*, aussi de l'Académie de peinture, lesquels sont très-estimés. »

3° On lit ce qui suit, dans le *Voyage pittoresque de Paris*, par *Dargenville*, sur le même réfectoire de Saint-Martin :

« Le réfectoire, dont l'architecture a beaucoup de légèreté, a été bâti par *Montereau*. Dans l'attique du lambris sont neuf petits tableaux de la vie de saint Benoît, peints par M. *de Silvestre*. Les deux du fond, contre le tambour, ont été peints par M. *Galloche*. Un tableau, à côté de la porte d'entrée, représente Jésus-Christ dans le désert, servi par des anges. Ce morceau, bien composé, élégamment dessiné, est d'un nommé *de Poilly*, élève de *Jouvenet*. »

réfectoire de Saint-Martin, n'ont cité, en aucune façon, Bon-Boulongne comme ayant travaillé à sa décoration. Germain Brice, le plus ancien d'entre eux, contemporain de Bon-Boulongne, ne mentionne que Louis de Silvestre, auteur des peintures de l'attique. Après lui, Piganiol de la Force et Dargenville parlent de L. de Silvestre, de Galloche et de Poilly, mais nullement de Bon-Boulongne; et, certes, ces auteurs auraient fait mention d'un des plus habiles maîtres de l'époque.

De plus, Bon-Boulongne, peintre alors célèbre, chef d'école et d'un âge déjà avancé, aurait-il consenti à travailler à la décoration du réfectoire de Saint-Martin, concurremment avec L. de Silvestre, son élève, avec Galloche, élève de son frère, et avec Poilly, élève de Jouvenet? Ce n'est pas à croire.

D'ailleurs, en examinant attentivement le tableau de saint Benoît ressuscitant un enfant, on y retrouve peu le style, la manière et même la couleur de Bon-Boulongne. On y remarque un genre mixte, bien qu'original, qui indique assez que Louis de Silvestre était aussi élève de Le Brun, et que si, comme le dit Filhol, il s'est pénétré, en exécutant ce tableau, du sentiment exquis de Lesueur, il est visible qu'il n'a pas oublié non plus les leçons des deux maîtres célèbres sous lesquels il avait étudié.

Il n'est peut-être pas inutile d'ajouter ici que Bon-Boulongne n'est inscrit comme ayant peint pour le réfectoire de Saint-Martin, ni sur la liste des tableaux reçus par Alexandre Lenoir au dépôt central, ni sur l'inventaire minutieux qui a été fait, en 1790, de tous les objets appartenant aux établissements religieux en général, et au cloître Saint-Martin en particulier[*].

Mais si le tableau du musée qui représente la *Résurrec-*

---

[*] Voir le catalogue publié par Albert Lenoir et l'inventaire de 1790 fait à Saint-Martin-des-Champs, lequel est conservé aux archives impériales.

tion d'un enfant, par saint Benoît, n'est pas de Bon-Boulongne, il n'est pas non plus de Galloche, comme on pourrait, peut-être, le penser, d'après ce que disent Piganiol de la Force et Dargenville. Les deux tableaux de Galloche qui se trouvaient dans le réfectoire des bénédictins sont connus, et on sait qu'ils représentaient des sujets tout différents de celui du tableau du musée. M. Villot, dans un catalogue raisonné des tableaux de l'École française exposés au Louvre, dit en parlant de Galloche : « Il fut agréé à l'Académie sur deux tableaux placés autrefois dans le réfectoire de Saint-Martin-des-Champs : l'un représente *saint Benoît faisant revenir miraculeusement une coignée sur l'eau;* l'autre, *sainte Scholastique obtenant du ciel un orage pour empêcher saint Benoît de partir et de la quitter.* »

On comprend l'intérêt qui m'a porté à signaler et à relever une erreur que la commission spéciale du musée a commise, vers le commencement de ce siècle, en attribuant à Bon-Boulongne un tableau de Louis de Silvestre. Cette erreur, qui a passé inaperçue jusqu'aujourd'hui, est d'autant plus regrettable, que Louis de Silvestre, qui a fait, tant en France qu'en Allemagne, des travaux considérables justement estimés, et qui a été directeur de l'Académie de peinture de Paris, n'est pas nominativement représenté au musée du Louvre, et que le seul tableau qui s'y trouve de lui y est exposé et catalogué sous un autre nom que le sien. J'espère que, dans le travail de révision auquel se livrent, en ce moment, les chefs habiles chargés de la conservation et de la classification des tableaux du musée, cette erreur sera reconnue et réparée.

Au reste, à la même époque, beaucoup d'autres erreurs du même genre ont été commises : heureusement que, depuis, et à la suite d'un examen plus approfondi, elles ont été, en grande partie, rectifiées, surtout par l'administration actuelle du Louvre. Peut-être pourrait-on trouver la cause première de ces erreurs dans l'obligation où se trouvait l'ancienne commission spéciale du musée de reconnaître et de classer, un peu trop à la hâte, cette quantité considérable d'objets d'art qui, de tous côtés, et surtout du dépôt central des Petits-Augustins, lui avaient été envoyés pêle-mêle et sans désignation d'auteurs ni de provenances. Une chose devait encore ajouter à la difficulté de ce travail : c'est que, comme les connaisseurs instruits en conviennent, il est très-malaisé, surtout en ce qui concerne les ouvrages de l'École française, de décider sur l'authenticité d'un tableau, et de tracer une ligne de démarcation bien nette entre les œuvres des maîtres et celles de leurs bons élèves. Les plus habiles experts peuvent s'y tromper, et ils conviennent qu'il se fait journellement, à cet égard, des confusions regrettables. On pourrait donc expliquer, jusqu'à un certain point, comment il se fait qu'un artiste comme Louis de Silvestre, qui, pendant près de quarante ans, avait travaillé en Allemagne et pour l'Allemagne, ait été peu connu ou apprécié par la première commission du musée, qui, sans trop d'examen, aura attribué à Bon-Boulongne un tableau d'un de ses meilleurs élèves.

Les autres toiles que Louis de Silvestre avait peintes pour le réfectoire de Saint-Martin, et qui ont été envoyées à Alexandre Lenoir[*], ont reçu une destination restée inconnue jusqu'ici. On ne sait pas davantage ce que sont devenues tant d'autres œuvres qui, à la même époque, se trouvaient accumulées au dépôt central. On peut dire seulement, d'une manière générale, qu'un certain nombre de tableaux ont été donnés aux musées de province ; que beaucoup d'autres sont entrés dans les magasins du Louvre, où, sans doute, ils se trouvent encore ; qu'il en a été vendu

---

[*] Voici l'extrait du catalogue adressé par Alexandre Lenoir au comité d'instruction publique le 11 vendémiaire an III :

« Louis Silvestre, né à Paris en 1675, mort en 1754 (1760). Excellent coloriste.

« N° 481. *De Saint-Martin-des-Champs.* — Neuf tableaux de la vie de saint Benoît. »

une grande quantité au profit de la nation, et, enfin, que beaucoup, en raison des sujets qu'ils représentaient, et aussi en raison de l'esprit du temps, ont été, publiquement, lacérés ou brûlés.

Le hasard peut faire rencontrer, de loin en loin, quelqu'un de ces objets d'art si malheureusement dispersés, mais il est à craindre que le plus grand nombre ne se trouve à jamais perdu.

Voici une lettre que, comme directeur de l'Académie de peinture et de sculpture, Louis de Silvestre écrivit à M..... en 1753[*], étant alors âgé de 79 ans. Je reproduis, à la suite des documents, cette lettre en *fac-simile* pour faire voir comme Louis avait encore, à un âge aussi avancé, une écriture ferme et régulière.

« Monsieur,

« Ce n'était que dans l'appréhension que vous n'eussiez
« quelque raison particulière pour faire commencer l'expo-
« sition au 18 août, que j'avais prié mons.ʳ Cochin de
« prendre vos derniers ordres à ce sujet; je suis fort flatté
« que vous vouliez bien, monsieur, entrer dans l'embarras
« où se trouvaient plusieurs de nos académiciens de n'être
« pas prêts pour ce jour. L'idée qu'ils ont que cette exposi-
« tion se fait pour rendre honneur à la fête du Roi leur a
« fait croire qu'ils pourraient avoir le temps nécessaire
« pour mettre la dernière main à ce qu'ils ont à y présen-
« ter. Monsieur Rouquette est singulièrement dans le cas,

---

[*] L'enveloppe du pli que j'ai entre les mains et sur laquelle se trouvait l'adresse a été perdue; mais il est très-probable qu'elle portait le nom de M. de Vandières, qui était, à ce moment, directeur général des bâtiments, jardins, arts et manufactures du Roi, et à qui il appartenait de fixer l'époque des expositions de peinture et de sculpture.

« il n'a pas un instant à perdre pour pouvoir se produire
« au salon : d'autant qu'il faut qu'il soit auparavant agréé
« par l'Académie. Vous savez, monsieur, que nous avons
« besoin pour cet acte d'une dispense de catholicité que je
« vous prie de faire expédier promptement. L'Académie
« sera bien touchée de la prolongation que vous voulez bien
« accorder aussi à l'exposition qui ne peut faire que du
« bien. Je vous prie de m'honorer de vos ordres, surtout
« sur le jour de l'ouverture, et sur la durée du salon, afin
« que je puisse agir en conformité.
« Je suis avec un respect infini,

« Monsieur,

« Votre très humble et très obéissant serviteur,

« Louis de Silvestre.

« A Paris, le 29ᵐᵉ juillet 1753. »

Je crois faire plaisir au lecteur en donnant ici la composition de l'Académie royale de peinture et de sculpture que dirigeait alors Louis de Silvestre en 1753, Académie dans laquelle on voit figurer les noms de toutes les célébrités du xviii° siècle, comme peintres, comme graveurs et comme sculpteurs. On pourra voir de plus en quoi cette ancienne institution différait de l'Académie des beaux-arts, telle qu'elle est aujourd'hui au milieu du xix° siècle.

ACADÉMIE ROYALE DE PEINTURE ET DE SCULPTURE.

L'Académie royale de peinture et de sculpture a été établie par le Roy en 1648.

LE ROY, PROTECTEUR.

M. *de Vandières,* directeur général des bâtiments, jardins, arts et manufactures du Roy, rue Saint-Thomas-du-Louvre.

(La *lettre P. signifie* peintre, *G.* graveur, *S.* sculpteur.)

DIRECTEURS.

M. *de Silvestre,* écuyer, premier peintre du Roy de Pologne, directeur de son académie royale de Dresde, aux gall. du Louvre.
Juillet. M. *Cazes,* P., chancelier, recteur et ancien directeur, rue d'Anjou, au Marais.

ANCIEN RECTEUR.

M. *Lemoyne* père, S., cour du vieux Louvre.

RECTEURS.

Avril. MM. *Galloche,* P., rue des Fossez-de-M^r-le-Prince.
Janv.   *Restout*, P., cloître Saint-Nicolas-du-Louvre.
Octob.   *Du Mont le Romain,* P., cul-de-sac de la Corderie.

ADJOINTS A RECTEURS.

MM. *de Cotte,* écuyer, intendant et contrôleur des bâtiments du Roy à Paris, directeur de la Monnoie des médailles, aux gall. du Louvre.
de Boze, de l'Académie française et garde des médailles du cabinet du Roy, rue du Coq-du-Louvre, à l'hôtel Grammont.
le comte de Caylus, honoraire de l'Académie des inscriptions, à l'Orangerie des Thuilleries.
de Boullongne, conseiller d'Etat, intendant des finances et des ordres du Roy, rue Neuve-des-Petits-Champs.

MM. *de Julienne,* écuyer, conseiller du Roy, contrôleur général des bâtiments, jardins, arts et manufactures de Sa Majesté, inspecteur général des bâtiments du Roy, son premier architecte, devant les gall. du Louvre.

de Fontanieu, conseiller d'Etat, intendant et contrôleur général des meubles de la couronne, rue Vivienne.

le comte de Baschi, ambassadeur en Portugal.

HONORAIRES ASSOCIEZ LIBRES.

MM. *Hulst,* rue Saint-Honoré, près le petit hôtel de Noailles.

le marquis de Calvières, lieutenant général des armées du Roi, quay de l'Ecole.

l'abbé de Lowendahl, abbé de Cour-Dieu, au séminaire des Missions étrangères.

le chevalier de Valory, r. St-Honoré, au petit hôtel de Noailles.

Watelet, receveur général des finances, r. du Gros-Chenet.

Garnier, écuyer, seigneur d'Isle, contrôleur général des bâtiments du Roy, jardins, arts et manufactures, à l'Orangerie.

le marquis de Voyez, maréchal des camps et armées du Roi, inspecteur général de la cavalerie, rue des Bons-Enfants.

Mariette, secrétaire du Roy et contrôleur général de la grande chancellerie, rue Saint-Jacques, près la rue des Mathurins.

ANCIENS PROFESSEURS.

M. *Le Clerc,* P., professeur pour la perspective, aux Gobelins.

DOCUMENTS ET PIÈCES JUSTIFICATIVES.

MM. *Vanloo*, chevalier de St-Michel, premier peintre du Roy d'Espagne, à Madrid.
Pesne, premier peintre du Roy de Prusse, à Berlin.

PROFESSEURS.

May.	MM. *Nattoire*, P., directeur de l'Académie de France à Rome, à Rome.
Déc.	*Collin de Vermont*, P., rue Plâtrière.
Sept.	*Jeaurat*, P., au bas de la rue des Fossez-St-Victor.
Févr.	*Oudry*, P., au palais des Thuilleries, cour des Princes.
Juin.	*Adam*, S., de l'ancienne Académie de St-Luc de Rome, et de l'Académie clémentine de Boulogne, cour du vieux Louvre.
Aoust.	*Lemoyne* fils, S., cour du vieux Louvre.
Janv.	*Bouchardon*, S., cour du vieux Louvre.
Nov.	*Coustou*, S., place du Vieux-Louvre.
Mars.	*Pierre*, premier peintre de M^r le duc d'Orléans, à la bibliothèque du Roy, ou rue Villedot.
Octob.	*Pigalle*, S., au vieux Louvre.
Avril.	*Nattier*, P., au grand prieuré de France.
Juillet.	*Dandré-Bardon*, P., r. de Matignon, vis-à-vis les gall. du Louvre.

ADJOINTS A PROFESSEURS.

MM. *Slodts*, S., cour du vieux Louvre.
Hallé, P., cloître St-Benoît.
Frontier, P., rue du Petit-Lion.
Allégrain, S., rue du Meslé.

PROFESSEUR POUR L'ANATOMIE.

M. *Sarrau*, chirurgien ordinaire des bâtiments du Roy, rue de Richelieu, à l'hôtel Louvois.

PROFESSEUR DES ÉLÈVES PROTÉGEZ PAR LE ROY, POUR L'HISTOIRE,
LA FABLE ET LA GÉOGRAPHIE.

M. *Lépicié*, G., secrétaire et historiographe, au vieux Louvre.

CONSEILLERS.

MM. *du Change*, G., rue St-Honoré, près la rue Tirechappe.
Van Schuppen, P., directeur de l'Académie aulique de peinture et de sculpture, à Vienne.
Massé, P., place Dauphine.
Roettiers, graveurs des médailles du Roy, et grav. gén. des monnaies et des chancelleries de France, à l'hôtel de la Monnaie.
Chardin, P., au coin de la rue du Four et de la rue Princesse F. S. G.
Tocqué, P., cour des Jacobins de St-Honoré.
Aved, P., rue de Bourbon, derrière les Théatins.
Desportes, P., aux galleries du Louvre.
de la Tour, P., aux galleries du Louvre.
Chaufourrier, adjoint à professeur pour la perspective, à Saint-Germain-en-Laye.
Sue, adjoint à professeur pour l'anatomie, rue du Battoir.

ACADÉMICIENS.

MM. *Masse*, P., rue St-Thomas, près la place du Palais-Royal.
Audran, G., aux Gobelins.
du Vivier, graveur des médailles du Roy, aux galleries du Louvre.
Melle *Rosalba Barriera*, P., à Venise.
La Joue, P., rue et vis-à-vis l'hôtel de Condé.
Delaistre, P., au bâtiment neuf des PP. de Saint-Lazarre.

MM. *Lucas*, P., faubourg St-Denis, près la grille.
Geuslain, P., rue Bailleul, vis-à-vis l'hôtel d'Aligre.
de Lyen, P., quay de l'Ecole.
de Larmessin, G., du cabinet du Roy, rue des Noyers, près St-Yves.
Drouais, P., rue des Orties, butte St-Roch.
le chevalier Servandoni, P., architecte, cour des Princes, aux Thuilleries.
Cochin, G., rue St-Jacques, devant les Mathurins.
Cars, G., rue Saint-Jacques, devant le collége du Plessis.
Francisque Millet, P., à Versailles, rue Royale.
Delobel, P., rue des Postes, à l'Estrapade.
Surugue, G., contrôleur des rentes, rue des Noyers, près St-Yves.
Dumons, P., rue St-Honoré, près St-Roch.
Manglart, P., à Rome.
Moyreau, G., rue des Mathurins.
Boizot, P., aux Gobelins.
Poitreau, P., place Dauphine, au coin de la rue du Harlay.
Chastelain, P., inspect. de la manufacture R. des Gobelins, aux Gobelins.
Lundberg, P., à Stockholm.
Autereau, P., rue des Fossez-M. le-Prince.
Vinache, S., cour du vieux Louvre.
Nonotte, P., à Lyon.
Daullé, G., rue des Noyers.
Le Bas, graveur du cabinet du Roy, rue de la Harpe, vis-à-vis la rue Percée.
Frontier, P., rue du Petit-Lion-S.-Sulpice.
Schmidt, G., pensionnaire du Roy de Prusse, à Berlin.
Lenfant, P., aux Gobelins.
Le Bel, P., rue de Bourbon, faub. S. G., à l'hôtel de Lauraguais.

MM. *Portail*, P., garde des plans et tableaux du Roy, à Versailles.
Le Sueur, P., rue de la Sourdière, près le cul-de-sac.
Surugue fils, G., rue de Sorbonne.
Hutin, S., à Dresde.
Van Loo, neveu, peintre du Roy de Prusse, à Berlin.
Silvestre *, maître à dessiner du Roy, aux galleries du Louvre.
Guay, graveur du Roy en pierres, aux galleries du Louvre.
Oudry fils, P., cour des Princes, aux Thuilleries.
Tardieu, G., rue St-Jacques, près la rue des Noyers.
Vassé, S., cour du vieux Louvre.
Cochin fils, G., garde des desseins du cabinet du Roy, au vieux Louvre.
Venevault, rue Saint-Thomas-du-Louvre.
Bachelier, P., quai de l'École.
Reydellet, receveur et concierge de l'Académie.
Perronnet, huissier de l'Académie, rue de la Vieille-Draperie.

Dandré Bardon, dans son *Catalogue des artistes les plus fameux de l'école française jusqu'en* 1765 **, parle ainsi de Louis de Silvestre :

« Louis Silvestre, parisien, fut élève des Le Brun et des
« Boullongne. Son heureux génie mit si bien à profit les
« grands principes de ces habiles maîtres, que ses premiers
« essais annoncèrent un des plus forts dessinateurs de son
« temps. Son tableau de réception à l'Académie royale, re-

---

* Nicolas-Charles.
** Imprimé en 1765.

« présentant la *Création poëtique de l'homme*, et celui
« de Notre Dame, qui retrace St *Pierre* guérissant les ma-
« lades à la porte du temple, furent de bonne heure les
« présages du chemin que Silvestre ferait dans la carrière
« de la peinture, et les pronostics assurés de la réputation
« qu'il acquerrait dans son art. Il en a confirmé l'augure
« par quantité d'ouvrages qu'il a peints à Dresde, où le Roi
« de Pologne l'attira en 1727. Ce souverain l'honora de titres
« de noblesse, de la qualité de son premier peintre, de celle
« de directeur de son Académie Royale de Dresde, et le
« gratifia de pensions considérables.

« Après un séjour d'environ vingt quatre ans en Pologne,
« Silvestre revint en France. Il fut nommé directeur de
« l'Académie Royale, distinction qui fut confirmée plu-
« sieurs fois par l'Académie. Le Roi l'honora d'un logement
« aux galeries du Louvre et d'une pension de mille écus. »

1760. *Acte de décès de Louis de Silvestre (le jeune). Le dimanche 13 avril 1760.*

« Sr Louis de Silvestre, Ecuyer, Directeur de l'Académie Royale de peinture et de sculpture, Premier peintre du Roy de Pologne, Electeur de Saxe, et Directeur de l'académie Royale de Dresde, âgé de quatre vingt-cinq ans, ou environ, veuf de D.^{e} Marie Catherine Hérault, décédé d'avant-hier à onze heures du soir aux galleries du Louvre de cette paroisse, a été inhumé en cette église en présence des Srs François Charles de Silvestre, peintre de sa Majesté et du Roi de Pologne, Electeur de Saxe, son fils, Nicolas de Silvestre M.^{e} à dessiner du Roy, et Jean Baptiste Marteau, ancien entrepreneur des bâtiments du Roi ses neveux.

« MARTEAU, François Charles DE SILVESTRE. »

1762. *Extrait de naissance d'Augustin-François Silvestre baptisé le même jour.* (Registre des baptêmes de la paroisse de Notre-Dame de Versailles.) 7 *septembre.*

« L'an mil sept cent soixante deux, le sept septembre, Augustin François, né de ce jour, fils de Jacques Augustin Silvestre maître à dessiner des Enfants de France, porte arquebuse de M.^{grs} les ducs de Berry et comte de Provence, et d'Anne Françoise Louise Férez son épouse, a été baptisé par nous, soussigné, prêtre de la mission, faisant les fonctions curiales. Le parrain a été François Férez, gouverneur de M.^{r} le marquis de St Mégrin, grand-père de l'enfant, la marraine Madelaine Charlotte Lebas Silvestre, grand'mère de l'enfant, qui ont signé avec le père. Signé Lebas Silvestre, Férez Silvestre et Collignon p.^{tre}. »

1764. *Extrait de naissance de Charlotte-Sophie de Silvestre, baptisée le lendemain.* (Registre des baptêmes de l'église royale et paroissiale de Notre-Dame de Versailles, diocèse de Paris.) 3 *décembre.*

« L'an mil sept cens soixante quatre, le trois décembre,
« Anne Charlotte Sophie, née d'hier, fille de Jacques Au-
« gustin Silvestre, maître à dessiner des Enfants de France,
« et porte arquebuse de messeigneurs le duc de Berry et
« comte de Provence, et de Anne Françoise Louise Férès,
« son épouse, a été baptisée par nous soussigné prêtre de
« la Mission, faisant les fonctions curiales, le parrein a été
« Nicolas Charles Silvestre grand-père de l'enfant et maître
« à dessiner du Roy, représenté par Étienne Aubry, peintre.
« La marreine Anne-Barthelemy Bouchut, épouse de Fran-
« çois Férès, premier valet de garde-robe de monseigneur

« le comte de Provence, qui ont signé avec le père, ainsy
« signé.
« SILVESTRE N., AUBRY,
« BOUCHUT et DEMY, prêtre. »
(Extrait daté du 20 décembre 1764.)

1765. *Inventaire des biens de la communauté après le décès de Louise Férez, femme de Jacques-Augustin de Silvestre. 8 janvier.*

L'inventaire des biens de la communauté, après le décès de Anne-Françoise-Louise Férez, troisième femme de J. A. de Silvestre, s'ouvre ainsi :

« L'an mil sept cent soixante cinq, le huitième jour de
« janvier, neuf heures du matin, à la requête de S. Jacques
« Augustin Silvestre, maître à dessiner des Enfants de
« France, et porte arquebuse de messeigneurs les duc de
« Berry et comte de Provence, demeurant à Versailles aux
« petites écuries du Roy, paroisse Notre-Dame, tant en son
« nom à cause de la communauté de biens qui a été entre
« lui et deffunte dame Anne Françoise Louise Férès son
« épouse, établie suivant leur contrat de mariage cy après,
« que comme tuteur de Augustin François Silvestre âgé de
« 2 ans 1 mois, et de d^{elle} Anne Charlotte Sophie Silvestre,
« âgée de 1 mois, le tout ou environ, seuls enfants mineurs
« de S. Silvestre et de la feue d^{elle} Férès son épouse.
« Et en la présence de François Férès, écuyer, premier
« valet de garde-robe de monseigneur le comte de Provence,
« demeurant à Versailles, rue de l'Orangerie, paroisse Saint
« Louis, ayeul maternel des d. mineurs et leur subrogé tu-
« teur, nommé et élu à ladite qualité, ainsy que le d. S.
« Silvestre en celle du tuteur, de l'avis des parens et amis

« des dits mineurs, homologué par sentence rendue au
« Baillage Royal de Versailles du jour d'hier, contenant
« l'acceptation de la d. charge. La grosse en parchemin de
« la quelle duement signée, scellée a été présentement
« rendue.

« Les d. S. et d^{elle} Silvestre mineurs habiles à se dire et
« porter seuls et uniques héritiers, chacun pour moitié de
« la d. dame Silvestre leur mère. »

Le même inventaire, à l'article des dettes actives, qui montre que le titre de porte arquebuse n'était pas purement honorifique, indique le chiffre des émoluments qui étaient attachés à cette charge. On y lit : « Déclare le d. S. Sil-
« vestre qu'il est du aux dittes succession et communauté,
« sçavoir l'année mil sept cent soixante-trois de sa qualité
« de porte arquebuse de messieurs les duc de Berry et
« comte de Provence, la somme de deux mille deux cents
« livres.

« Plus, l'année mil sept cent soixante quatre, trois mil
« deux cents livres. Plus, la somme de trois mille livres,
« pour les années mil sept cent soixante trois et mil sept
« cent soixante quatre d'une grattification de quinze cents
« livres par année. »

1767. *Extrait de l'inventaire de Nicolas-Charles Silvestre. 31 août.*

« L'an mil sept cent soixante sept, le lundy trente un,
« août, deux heures de relevée, en vertu de l'ordonnance
« de monsieur le lieutenant civil au Chatelet de Paris apo-
« sée au bas de la requeste à luy présentée le 26 du présent
« mois, signée en fin Dufour, portant permission de faire la
« vente ci après et de l'ordonnance de parcatis de monsieur
« le prévost de l'hotel du Roy, apposée au bas de la requeste

« à luy présentée le vingt sept du présent mois, signé
« Beaste de la Brosse portant permission de mettre la d.ᵉ
« ordonnance à exécution.

« Lesquelles requêtes et ordonnances sont demeurées
« jointes et annexées à la minutte des présentes pour être
« cy après transcrittes en contenant tout ce qui a été cy devant
« fait, les affiches mises et apposées dans tous les endroits
« nécessaires et accoutumés. Et a la requeste de S. Jacques
« Augustin Silvestre, écuyer, porte arquebuse de monsei-
« gneur le Dauphin, et maître à dessiner du Roy et des
« Enfants de France, demeurant ordinairement à Versailles,
« etant ce présent à Paris, dans son appartement aux galle-
« ries du Louvre, paroisse de S.ᵗ Germain L'Auxerrois, hé-
« ritier en partie de S. Nicolas Charles Silvestre, son père,
« maître à dessiner du Roy et des Enfants de France, le dit
« sieur Jacques Augustin Silvestre seul propriétaire des
« meubles et effets du dit feu sieur Silvestre, son père, sui-
« vant et au terme de l'acte passé entre dame Madelaine
« Charlotte Le Bas, veuve du dit sieur Nicolas Charles Sil-
« vestre, d'une part, entre dame Charlotte Suzanne Silvestre,
« épouse de M.ʳ Claude Luc Gaillande, avocat au Parlement,
« et receveur général du tabac à la Rochelle, comme fondée
« de la procuration et autorisée du dit sieur son mary, sui-
« vant deux actes passés devant Crossons et son confrère,
« notaires à la Rochelle, les neuf et douze may dernier gé-
« néral et spécial. Les originaux des dits actes sont demeu-
« rés joints et annexés à l'inventaire du vingt cinq may
« dernier, fait par Mᵉ Dupré Lainé et son confrère, notaires
« à Paris, et entre le dit sieur Jacques Augustin Silvestre
« dont est resté minutte le onze du présent mois d'aoust.
« Suivant et au terme du dit acte passé entre la dite v. Sil-
« vestre, le dit sieur Silvestre fils et la d. dame epouse
« du dit sieur Gaillande, es dits noms et qualités, le dit jour
« onze du présent mois, tous les meubles et effets du dit
« sieur Silvestre pere, contenus audit inventaire du dit
« jour vingt cinq may dernier, fait par le d. mᵉ Dupré

« Lainé, sont tous demeurés appartenir au dit sieur Sil-
« vestre fils pour en faire et disposer comme de choses à
« luy appartenantes. »

. . . .

« En suit la teneur des requestes et ordonnances :
Premièrement, « A monsieur le lieutenant civil. Suplie
« humblement Jacques Augustin Silvestre, écuyer, porte
« arquebuse de monseigneur le Dauphin, et maître à dessi-
« ner du Roy et des Enfants de France, héritier en partie
« de feu sieur Silvestre, son père, qu'il vous plaise luy per-
« mettre de faire procéder à la vente de la garde robbe et
« effets restés après le décès du dit sieur Nicolas Charles
« Silvestre, maître à dessiner du Roy et des Enfants de
« France, contenus en l'inventaire qui en a été fait après
« le décès du dit sieur Silvestre par M.ᵉ Dupré Lainé et son
« confrère, notaires à Paris, le vingt cinq may dernier
« et jours suivants, et vous ferez justice. Signé Deperey
« Lainé. »

« Permis de faire laditte vente à l'exception des livres,
« les intéressés présens ou appelés, et en cas d'absence en
« présence d'un des substituts du procureur du Roy. Fait
« ce vingt-six aout 1707. Signé Dufour. »

Deuxièmement, « A monsieur le lieutenant général de
« la prevosté de l'hotel du Roy, ou monsieur son lieutenant,
« Suplie humblement Jacques Augustin Silvestre, écuyer,
« porte arquebuse de monseigneur le Dauphin, et maître à
« dessiner du Roy et des Enfants de France, héritier en par-
« tie de feu Nicolas Charles Silvestre, son père, aussy
« maître a dessiner du Roy et des Enfants de France, qu'il
« vous plaise, monsieur, permettre au supliant de faire
« mettre à exécution dans l'étendue de votre juridiction,
« l'ordonnance de monsieur le lieutenant civil au Chatelet
« de Paris, etant au bas de la requeste à luy présentée le
« vingt six du présent mois, portant permission de faire
« vendre la garde robbe et autres effets du dit sieur Sil-
« vestre contenus en l'inventaire qui en a été fait par

« m. Dupré Lainé et son confrère, notaires, à Paris, le vingt
« cinq may dernier, et de faire pour l'exécution de la ditte
« ordonnance tous exploits et actes requis et nécessaires, et
« vous ferez bien. Signé Menard avec paraphe. »

« Permis de mettre à exécution l'ordonnance dont il
« s'agist dans l'étendue de notre juridiction, et de faire
« procéder à la vente des effets y mentionnés, les parties
« intéressées présentes ou duement appelées, et en cas
« d'absence, en presence du procureur du Roy de cette
« cour, ou de son substitut. A Paris, le vingt six août mil
« sept cent soixante sept. Signé Beasse de La Brosse, et en
« marge est écrit scellé à Paris le vingt huit août 1767.
« Reçu trente deux sols et six deniers. Signé Dejean. »

Il me paraît curieux de transcrire ici le détail des frais occasionnés par une vente publique de cette époque (1767). Je prendrai pour exemple la vente de Nicolas Charles (les objets d'art non compris).

« Premièrement, pour la requeste présentée à monsieur
« le lieutenant civil, pour permission de faire la ditte vente
« et cy devant transcritte.......... 3 l. 4 s. 0 d.
« Pour pareille requeste présentée à
« M. le lieutenant général de la prévosté
« de l'hotel................. 9 4 0
« Payé à l'imprimeur pour trois cents
« grandes affiches qui indiquèrent la dite
« vente.................... 12 0 0
« Payé à un homme qui les a posées et
« affichées dans tous les endroits néces-
« saires et accoutumés.......... 3 15 0
« Pour la déclaration de la d.ᵉ vente par
« nous faite au bureau des commissaires
« aux ventes, suivant la déclaration du
« Roy..................... 2 0 0
« Pour quatre vaccations par nous em-
« ployées à la dite vente et arrangement. 28 0 0
« Pour le remboursement de trois con-

« trôles à dix sols six deniers chaque, fait
« la somme de trente-un sols six deniers. . . . . 1 l. 11 s. 6 d.
« Pour celuy qui a écrit la minutte. . . 4 0 0
« Payé à un homme qui a averty les
« marchands de la d.ᵉ vente, qui a servi à
« faire la répétition des enchères pendant
« le cours d'icelle. 6 0 0
« Payé à M.ʳ Dufrancastel, receveur des
« droits de trois deniers pour livre dus
« aux commissaires aux ventes, du mon-
« tant de la d.ᵉ vente, cinquante une
« livres un sol, suivant la quittance du
« septembre. 51 1 0
« Pour l'expédition du présent procès
« verbal de vente évaluée à neuf cahiers à
« sept livres quatre sols fait la somme de. 64 16 0
« Pour le remboursement du papier
« marque de l'expédition, et celuy de la
« minute, et l'expédition au clerc. 12 0 0
« Pour les vacations par nous em-
« ployées à faire les relevés tant de l'in-
« ventaire pour la facilité de la vente que
« du procès verbal de vente, pour le re-
« couvrement des debets, peines extraor-
« dinaires, et les vacations employées à
« rédiger et rendre le présent compte. . 18 0 0
« Total des frais, vacations et débour-
« sés, montants ensemble à la somme
« deux cent quinze livres onze sous six
« deniers. 215 11 6
Cette vente avait produit 4,073 liv. 5 s. 6 d.

1767. *Brevet de M.ᵉ à dessiner du Dauphin et des Enfants de France accordé à Jacques-Augustin Silvestre.* 1ᵉʳ octobre.

« Aujourd'huy premier octobre mil sept cent soixante sept, le Roy étant à Fontainebleau, voulant donner au sieur Silvestre M.ᵉ a dessiner de feu monsieur le Dauphin, une marque particulière de la satisfaction que Sa M.ᵗᵉ ressent de ses services, depuis trente deux ans, dans l'exercice de lad. charge qu'il remplissait en survivance de son père, Sa Majesté l'a retenu et retient en la charge de maître à dessiner de Monsieur le Dauphin et des Enfants de France, au lieu et place du feu S. son père, pour par luy en jouir et user aux honneurs, gages, livrées et entretenemens, ainsi qu'en a joui ou du jouir le feu S.ʳ son père, et ce tant qu'il plaira à Sa M.ᵗᵉ, laqu'elle mande et ordonne aux gardes de son trésor Royal, trésoriers généraux de sa Maison et M.ᵉˢ de sa chambre aux deniers, de payer à l'avenir aud. S.ʳ Silvestre lesd. gages, livrées et entretenemens à compter du jour du décèds dud. S.ʳ son père aux termes et en la manière accoutumée en vertu du présent brevet que pour assurance de sa volonté. Sa M.ᵗᵉ a signé de sa main et fait contresigner par moy conseiller secrétaire d'Etat et de ses commandemens et finances. »

« Louis. Phelipeaux. »

Et en marge : « Registrées en la chambre des comptes, ouy le procureur général du Roy, pour jouir par le pourvu dud. office des gages et droits y attribués. Le dix neuf juillet mil sept cent soixante-neuf.

« Marsolan. »

1769. *Brevet de M.ᵉ à dessiner du Roy, confirmé à Jacques-Augustin de Silvestre. 25 juin.*

« Aujourd'huy vingt cinq juin mil sept cent soixante neuf, le Roi étant à Versailles, le S. Silvestre auroit très-humblement représenté à Sa Majesté que quoi qu'elle ait bien voulu lui accorder dès l'année mil sept cent quarante la survivance de la charge de maître à dessiner de Sa Majesté dont étoit pourvu le feu S. Silvestre son père, il éprouve depuis la mort de son père les plus grandes difficultés pour être payé des gages de trois cents livres et autres attributions appartenants à cette charge, faute par lui d'avoir demandé, dans le temps, un brevet de lad. survivance et d'avoir été omis, en sa qualité de survivancier sur l'état des gages de la maison de Sa Majesté, a quoi ayant égard et Sa Majesté ne voulant pas que lesd. omissions puissent nuire ni préjudicier aud. S. Silvestre dont les pères sont en possession de cette charge depuis mil six cent soixante treize, sans interruption, et qu'il exerce lui-même depuis mil sept cent quarante, Sa Majesté l'a confirmé, en tant que besoin en serait, dans la possession de la charge de son maître à dessiner, veut, à cet effet, qu'il jouisse et soit payé, à compter du jour du décéds dud. S. son père, des gages, livrées, entretennement et autres droits appartenants à lad. charge, tant par les trésoriers généraux de sa maison, maîtres de sa chambre aux déniers qu'autres comptables qu'il appartiendra en vertu du présent brevet que, pour assurance de sa volonté, Sa Majesté a signé de sa main et fait contresigner par moy conseiller secrétaire d'état et de ses commandemens et finances. »

« Louis.   Phelypeaux. »

Et en marge : « Régistrées en la chambre des comptes, etc. »

1780. *Brevet d'une pension accordée à Augustin-François de Silvestre. 24 décembre.*

Lorsque, en 1780, Augustin-François de Silvestre dut rapporter son brevet de survivance de maître à dessiner des Enfants de France, que la princesse de Guéménée avait obtenu du Roi pour son protégé M. de Blaremberg, on lui accorda, comme dédommagement, une pension de 1,500 livres. Voici le texte du brevet de cette pension :

« Brevêt d'une pension de 1,500 l., en faveur du Sr Augustin-François Silvestre, né le 7 décembre mil sept cent soixante deux, à Versailles, baptisé le même jour dans la paroisse Notre-Dame de la dite ville. Laquelle pension lui est accordée sur le Trésor Royal, sans retenue, en considération tant des services de son père, maître à dessiner des Enfants de France, que de ceux de la feue d^e Silvestre son ayeule, première femme de chambre de Madame Élizabeth de France, et qui avait aussi eu l'honneur d'enseigner le dessin aux Enfants de France : Par décision de ce jour 24 décembre 1780, avec jouissance du même jour.

« Aujourd'hui, vingt quatre décembre mil sept cent quatre vingt. Le Roi étant à Versailles, Sa Majesté voulant récompenser en la personne du s. Augustin-François Silvestre, tant les services de son père, maître à dessiner des Enfants de France, que ceux de la feue d. Silvestre, première femme de chambre de Madame Élizabeth de France, et de sa famille qui, depuis deux siècles, est attachée au service de la famille Royale; Elle lui a accordé et fait don de la somme de quinze cents livres de pension annuelle sur son trésor Royal, sans retenue, pour lui en jouir sa vie durant, à compter d'aujourd'hui, et en être payé, et ce sur sa quittance par devant notaires à Paris, et la présentation du présent brevet que, pour assurance

« de sa volonté, Sa Majesté a signé de sa main, et fait con-
« tresigner par moi son conseiller, secrétaire d'Etat et de
« ses commandemens et finances.

« Louis.   Amelot. »

1782. *Brevet de bibliothécaire de Monsieur, frère du Roi, accordé à Augustin-François de Silvestre. 28 avril.*

« Aujourd'huy vingt huitième jour du mois d'avril mil sept cent quatre vingt deux, Monseigneur Louis Stanislas Xavier, fils de France, frère du Roi, duc d'Anjou, d'Alençon, de Vendôme et de Brunoy, comte du Maine, du Perche et de Senonches, Monsieur, étant à Versailles, ayant égard à la demande que le Sr Férez, son lecteur et bibliothécaire lui a faite de la survivance de cette place, en faveur du Sr Silvestre, son petit-fils, et désirant donner au Sr Férez une marque particulière de la bienveillance dont il l'honnore, et faire connoître la satisfaction qu'il ressent du zèle qu'il fait paroître pour son service. A cet effet, Monsieur accorde aud. Sr Silvestre fils la place de son lecteur et bibliothécaire, pour par lui l'avoir et exercer en l'absence et survivance du Sr Férez, aux honneurs, prérogatives, distinctions et avantages y appartenants, et pour, après le décéds du Sr Férez, ou de son consentement pendant sa vie, jouir des appointements et émoluments attribués à lad. place, et pour assurance de sa volonté, Monseigneur m'a commandé d'expédier le présent brevet qu'il a signé de sa main et fait contresigner par moy son conseiller en tous ses conseils, secrétaire de ses commandements, maison, domaines et finances, et de son cabinet. »

« Louis-Stanislas Xavier.   Mayou. »

APPENDICE.

EXTRAIT
DE
LA CORRESPONDANCE DE MARIE DE SILVESTRE,
Lectrice de la Dauphine.

AVERTISSEMENT.

Marie de Silvestre, dont il a été parlé précédemment, aurait pu laisser des mémoires, ou, au moins, une correspondance intéressante à plusieurs points de vue. Ayant vécu, pendant plus de vingt ans, à la cour de Saxe et à celle de France, et dans l'intimité de la Dauphine, dont elle était la lectrice et la confidente, elle a dû être témoin de beaucoup d'événements tant généraux que particuliers, qui auraient pu fournir la matière de notes curieuses. Mais, soit qu'elle n'ait rien recueilli par écrit, soit que la plupart de ses lettres aient été perdues, je n'ai pu me procurer qu'un lambeau de correspondance entre elle et le comte de Wackerbarth-Salmour, ministre du cabinet du Roi de Pologne, auquel elle donnait, le plus ordinairement, des détails sur la santé de la Dauphine ou sur quelques particularités de la vie intime de cette princesse.

Ces lettres offriront, peut-être, assez peu d'intérêt à ceux qui recherchent des renseignements sur la politique d'une époque, sur les intrigues de cour, ou sur les personnages qui ont su imprimer à leur siècle un caractère particulier ; elles sont étrangères à toutes ces choses. Je ne laisserai pourtant pas de les publier, autant pour faire connaître certains détails de la vie de famille de la Dauphine que pour mettre aussi en relief la considération dont Marie de Silvestre jouissait à la cour, tant en Saxe qu'en France, et 'aussi l'affection et la confiance que lui portait particulièrement la Dauphine. Ces sentiments, que lui avaient mérités son caractère et son dévouement, ressortent encore d'un petit nombre de lettres que la Dauphine a écrites à sa lectrice, à différentes époques de sa jeunesse, et par lesquelles je commence la correspondance de Marie de Silvestre.

Marie-Josephe, qui parlait plusieurs langues, n'avait jamais pu, dans son enfance, prendre goût à la langue française. Elle était loin alors, et pour bien des motifs, de penser que, un jour, elle deviendrait Dauphine et Française ; mais, une fois mariée, elle ne tarda pas à se rendre notre langue familière. Elle finit même par l'écrire avec beaucoup de facilité et une grande pureté de style. C'est ce qu'on peut voir par les divers écrits qu'elle a laissés, et dont je ne pourrais rien reproduire ici, sans sortir du cadre que je me suis tracé. Au reste, il est aisé de se faire une idée du style de cette princesse en lisant la lettre dont j'ai donné l'extrait dans la notice sur Marie de Silvestre, et qu'elle écrivit à son frère, le prince Xavier, à l'occasion de la mort du Dauphin.

CORRESPONDANCE.

Lettres de Marie Josephe, duchesse de Saxe, depuis Dauphine, à Marie de Silvestre, sa lectrice.

MA CHÈRE SILVESTER [*],

En vous renvoyant votre boite je veut vous faire une description de notre voyage. Premièrement nous avons eut le plus mauvais chemin qui peut être et beaucoup de poussière, et ce qui était le plus pénible pour moy, c'était cela. Vous savez, ma chère Vester, que j'ay toujours eu un grand apêtit, et on m'a fait attendre presque tous les jours de six heures le matin jusqu'à une heure ou deux heures de l'après dînée. Je vous prie de faire mes compliments à votre famille et à l'abbé Simon, et dites à l'abbé Alaire que je lit bien souvent dans le livre qu'il m'a donné. Renvoyez moi cette lettre corrigez. Je suis

Ma chère Vester

Votre très affectionnée

MARIE JOSEPHE

D. de S[**].

Ma chère Silvester [***] votre père vous apporte quelle que

---

[*] Sans date. La lettre est d'une écriture assez grosse et d'une main enfantine.

[**] Duchesse de Saxe.

[***] Même écriture que la précédente; la jeune princesse avait onze ans en 1742. La lettre est adressée de Varsovie à Dresde.

chose de mon ouvrage, mais c'en est pas beaucoup parce que je n'ay pas beaucoup de temps. On se porte ici en merveil. On joue tous les quatre jours l'Opéra laquelle est fort belle, et on va à la chasse encore, et on est bien content. Le Père Reichenau vous fait son compliment.

Ma chère Silvester
Votre affectionnée
Marie Josephe.

Le 5 November 1742.

Ce 4 octobre 1743.

J'ai reçu la cantate de l'abbé Pasquini avec beaucoup de plaisir. Je vous prie de le luy dire de ma part, et que je voudrais bien luy écrire, mais que je n'ai pas le tems. J'ai trouvé le même défaut que vous au second morceau. Je me suis souvenu qu'il y avait un an, le 23, que j'ai vu pour la première fois *L'umform* dans la loge du Père Quarini, et je me souviens que son chapeau (car je n'ai pas vu autre chose ce jour-là) m'a confondue à l'excès.

J'espère qu'on vous aura rendu 25 louis pour l'abbé Pasquini et soixante pour ma nourrice, pour marier sa fille. Si cela ne suffit pas pour cette dernière, mandez le moy, car je luy enverrai encore quelques choses si elle en avait besoin. Je suis bien aise que la princesse de Weissenfels se porte bien, car je l'aime à la folie. Faites luy mes compliments et demandez lui le dessin de son aigrette de brillants qui va a peu près comme ça (ici est un petit dessin de l'aigrette), vous m'entendez.

Je suis bien fâchée que le pauvre Courten est mort ; sa femme me fait pitié. Pour Pétrille, je suis bien aise que la cour du Roy soit délivrée d'une telle horreur. Adieu, ma chère Vester

Marie Josephe.

Dites moi s'il est vrai que votre père revient en France, je le souhaite bien.

MA CHÈRE SILVESTER

Je vous demande pardon que je ne vous ait pas encore écrit, mais je n'ai point de tems, a peine si je peu écrire à mes frères et sœurs. J'ay bien fait ici quelque chose, mais ça n'a pas trop bien réussi. Quand je pourrai je ferai encore quelque chose. Je reste comme toujours

Ma chère Silvestre
Votre très gracieuse
MARIE JOSEPHE.

Warsovie le 29.me Juillet 1744*.

MA CHÈRE SYLVESTER

Pardonnez-moi que de si longtems je ne vous ai pas écrit, mais nous allons, presque tous les jours, dans deux ou trois Eglises. Je me porte, Dieu merci, très bien, et je ne souhaite rien autre chose que de revoir bientôt ma chère patrie. Je vous envoie quelques choses écrites et dessinées, mais ça n'est pas trop bien fait. Faites mes compliments à votre famille qui est à DRESDE (*sic*). Je crains que la Diète ne subsistera pas, car Monsieur Ossolinski fait des confusions que je vous conterai une autre fois. Portez-vous toujours bien et soyez assurée que je suis

Ma chère Silvestre
Votre affectionnée
MARIE JOSEPHE.

Grodno le 14me Novembre 1744.

Ma chère sœur vous fait demander si elle est dans votre dis-

---

* A Mademoiselle
           Mademoiselle Silvester
                  à Dresde.

grâce que vous ne luy avez pas répondu sur cinq lettres qu'elle vous a écrites.

MA CHÈRE VESTER,

Je vous remercie que vous m'avez voulu envoyer les *Empereurs*. Je vous demande pardon de ce que je ne vous ai pas répondu plutôt, mais je suis déja depuis deux semaines malade, car j'ay la jaunisse et je n'ose pas sortir de ma chambre. Je vous envoye une lettre de la Birnbaüm, laquelle est plus heureuse que moy, puisque vous daignez de luy écrire. Je me flattais d'une réponse pour ma dernière lettre que vous avez pourtant reçu puisque vous m'envoyez les Empereurs. Faites mes compliments à votre famille et à l'abbé Alaire. Si vous avez quelque chose à ordonner à l'abbé Simon, je pourais le luy dire. N'oubliez pas mon cachet. Je suis

Mademoiselle Silvester
Votre gracieuse Princesse.
MARIE JOSEPHE
D. de S.

Varsovie le 19ᵉ d'8ᵇʳᵉ 1746.

La pauvre comtesse Poniatowska est extrêmement malade et on craint pour sa vie. Faites mon compliment à son fils.

A Mademoiselle
Mademoiselle de Silvester
à Dresde.

Ma chère Sylvester, vous m'écrivez dans votre dernière lettre que M. l'abbé Alaire a écrit à M. le marquis des Issarts les festins qui ont eu lieu chez Lafon, et justement aujourd'hui il me l'a donné à lire. Je vous assure, ma chère Veſter, que ma joie est inexprimable de voir tous les chers françois si contents de mon contentement *. Je ne peux pas attendre le moment de mon retour pour pouvoir les assurer moi-même de ma reconnaissance; cependant je vous prie de les en assurer. J'ai vu aussi les vers que M. l'abbé a écrit dans sa lettre à M. l'ambassadeur. Je vous prie de luy faire mes compliments et aussy au comte Poniatowski et à votre chère famille. Je suis

   Ma chère Vester
    Votre très affectionnée
      MARIE JOSEPHE
       Dauphine.

Varsovie le 22.me Nov. 1746.

MA CHÈRE SILVESTER

Je veux seulement vous dire que j'ay reçu hier de la princesse Czatorinska, Palatine de Russie, le portrait du plus beau et du plus aimable Prince de l'univers, c'est à dire de Monsieur le Dauphin, je vous souhaiterai de me voir car je suis toute la journée à le regarder, et plus je le regarde et plus il me plaît, car je voudrais pouvoir vous le peindre dans cette lettre, et je suis sur que vous troverez que j'ai raison. Mes compliments à votre famille et à l'abbé Alaire. Je suis

   Ma chère Vester
    Votre affectionnée
      Dauphine MARIE JOSEPHE.

Varsovie le 26.me Nov. 1746.

Je vous prie, ma chère Vester, de chercher partout les *Vies des Anachorètes* que le feu P. Rache m'a donné. Si vous ne les trou-

---

* Ces réjouissances avaient eu lieu à l'occasion des fiançailles de Marie Josephe avec le Dauphin. La princesse avait alors 15 ans.

vez pas, demandez à Mme la Princesse de Veissenfels le titre du livre et envoyez le moy. J'espère pour votre bonheur que vous avez suivi exactement mes ordres pour la Ctesse de Brühl. Mes compliments à l'exécration M. *L'umform*, à votre famille et à l'abbé. Je vous prie de me mander en quoy je pourrai luy être utile, car je voudrais le pouvoir être.

MARIE JOSEPHE.

Mes compliments à la B. (la Birnnbaüm).

Ce 16 juillet 1747.

A Mademoiselle de Silvester à Dresde.

Ce 13 nov. 1748.

J'ai reçu avec un plaisir infini votre lettre, ma chère Vester, et j'attens avec impatience le portrait de ma sœur, et tout ce qui nous vient de Dresde. M.^r le Dauphin m'a dit que puisque vous voulez bien vous donner la peine de faire ses commissions, il vous suplie de luy chercher un beau Christ de bois, ordinaire, tout simple, qui soit un peu au dessous d'un pied. Adieu, mes compliments à votre père et à l'abbé. Je vous embrasse de tout mon cœur.

MARIE JOSEPHE.

Je ne vous verrai que d'aujourd'huy en 8.

A Mademoiselle Marie de Silvester (à Dresde).

Ce 27 nov. 1748.

J'ay reçu votre lettre, ma chère Vester, dépéchez le Crucifix tant que vous pourrez et soyez persuadée que je vous aime.

MARIE JOSEPHE.

APPENDICE.

Quelques lettres de la correspondance entre le comte de Wackerbarth-Salmour, ministre du cabinet du Roi de Pologne, et Marie de Silvestre, lectrice de la Dauphine.

MONSEIGNEUR,

Vous êtes bien bon et bien obligeant de vous souvenir de moi, et de prendre la peine d'écrire la plus gracieuse lettre du monde à une fille qui semble n'avoir payé que d'ingratitude toutes les bontés dont vous l'avez comblée à Dresde. Votre exemple, depuis que je l'ai sous les yeux, aurait dû m'apprendre que la sujétion la plus exacte auprès des maîtres ne dérange d'aucun devoir. Mais il faut, pour cela, avoir l'esprit d'ordre, la patience et les vertus de votre Excellence, dont je suis bien éloignée. Je vous supplie de croire que mon cœur n'est pour rien dans ces sortes de fautes, et que, toute ma vie, je serai pénétrée de la plus vive reconnaissance au souvenir de vos bontés.

Madame la Dauphine est dans l'état de santé le plus désirable : un peu maigre, mais gaie, fraîche, dormant bien, mangeant peu, mais avec appétit. Son heureuse grossesse est constatée : elle avance, à ce que l'on croit, dans son quatrième mois. On peut compter pour la moitié de septembre*, ou, au plus tard, pour la fin. Comme elle se fait un vrai plaisir de vous écrire, je ne m'étendrai pas sur celui que je ressens à voir, de jour en jour, son esprit se former et s'orner de toutes les manières. Il se fait des développements dans son âme, qui attirent l'admiration de tous ceux qui l'entourent. L'union avec M. le Dauphin se resserre de plus en plus, et ils savent se rendre, mutuellement, aussi heureux qu'ils méritent de l'être. Leur piété profonde et modeste a édifié, en ce saint temps, toute la cour. Le service de la chapelle est la chose du monde la plus touchante ; et si l'on est obligé d'avouer, avec quelque confusion, qu'il se trouve, en ce pays, même à la cour, bien de la liberté de penser sur la religion, on doit dire aussi que la vraie et sincère piété n'en est pas bannie. L'humilité de la famille royale, les immenses charités qu'elle fait, attireront,

---

* Le duc de Bourgogne est né, en effet, le 13 septembre 1751.

je l'espère, sur elle, les bénédictions les plus désirées ; et nous verrons naître bientôt cet enfant, l'objet de tous nos vœux.

Les bontés qu'ont pour moi leurs Altesses Royales me pénètrent de la plus profonde gratitude. Quant au collier de Mme la princesse Royale, le joaillier doit l'apporter à Mme la Dauphine ; je le remettrai à M. le comte de Bellegarde *. J'aurais voulu que M. Hutin ** eût pu avoir le bonheur de le porter, mais il part trop tôt. Permettez-moi, Monseigneur, de vous recommander ce jeune homme qui est mon cousin germain, et qui, je crois, par ses mœurs et ses talents, mérite que vous daigniez l'honorer de votre protection, comme vous en avez, jusqu'ici, honoré toute notre famille.

M. des Issarts ***, depuis quinze jours, se porte beaucoup mieux ; et je crois pouvoir vous assurer, après tous les médecins, qu'il n'y a plus de danger pour sa vie. Il m'a donné beaucoup d'inquiétude, car il a été bien mal. Mon pauvre père m'en donne une infinie, par une maladie à peu près de la même nature, et bien plus difficile à guérir à l'âge avancé où il est. L'hiver a été cruel et l'est encore. Nous avons pensé perdre Mme de Brancas **** ; ce qui aurait été une des plus grandes pertes qu'eût pu faire Mme la Dauphine. Le voyage entrepris dans cette rude saison a bien intéressé ma santé aussi. Tous mes différents devoirs et mille inquiétudes m'ont enlevé le temps où je devais et voulais vous assurer, Monseigneur, du profond respect et de l'attachement inviolable avec lequel je serai, toute ma vie,

De Votre Excellence,

La très-humble et très-obéissante servante,

Marie DE SILVESTRE.

Versailles, ce 8 avril 1751.

---

* Le comte de Bellegarde, accrédité en qualité d'envoyé extraordinaire à Versailles.

** Peintre et sculpteur. Fils de François Hutin, qui avait épousé, comme Louis de Silvestre, une fille de Charles Hérault, peintre du Roi.

*** Le marquis de Galéan des Issarts, ambassadeur de France auprès du Roi de Sardaigne.

**** Successivement dame d'honneur des deux Dauphines, Marie Thérèse d'Espagne et Marie-Josephe de Saxe.

Réponse du comte de Wackerbarth à la lettre précédente.

13 avril 1751.

Mademoiselle,

Je ne saurais vous exprimer toute la joie que m'a causée votre lettre obligeante du 8 avril, qui m'apprenait le florissant état de la santé de Mme la Dauphine, et la prospérité parfaite avec laquelle cette auguste princesse avance dans sa grossesse.

Nous avons été altérés en apprenant le coup de maladresse de ses porteurs de chaise, qui aurait pu avoir des suites si fâcheuses pour son A. R. Mais, grâce à Dieu, la secousse qu'elle a essuyée n'a pas porté la moindre atteinte à nos espérances. Ce que Dieu garde est bien gardé, et j'espère que la Providence accomplira nos vœux, en accordant à Mgr le Dauphin et à Mme la Dauphine le fruit de leur heureuse union, que toute la France et toute la Saxe leur souhaitent, par la naissance d'un prince duc de Bourgogne.

Je prends la liberté d'écrire à Mme la Dauphine une lettre, ci-jointe, qui accompagnera la petite commission dont elle a honoré Mme la comtesse... et que celle-ci a bien voulu me confier à mon départ pour Leipzig. Ce sont de petits coffrets à défiler de différentes sortes que j'ai pu ramasser ici; mais je ne sais si j'aurai eu le sort de rencontrer le goût de S. A. R. Je vous prie, mademoiselle, d'excuser les fautes que j'ai pu commettre dans ce choix.

M.^r le baron Le Fort, qui vous remettra ma lettre, s'est chargé de les porter à Mme la Dauphine, conjointement avec une autre boîte semblable, mais d'un prix et d'un goût bien différents, que Mgr le Prince Royal lui a confiée pour cette adorable princesse. C'est aussi M.^r Le Fort qui vous apprendra, plus en détail, le bon état de la santé de la Famille Royale, et les autres nouvelles que vous souhaiterez avoir de nos contrées.

Madame la Princesse Royale attend avec impatience le collier que Mr de Bellegarde doit lui envoyer. M. Hutin passe déjà, chez nous, pour ce que les Italiens appellent un *virtuoso* dans son art, et ses belles manières lui attireront l'approbation et l'estime de tout le monde. Vous ne doutez plus, mademoiselle, que je ne me fasse un plaisir de lui rendre, en mon particulier, tous les services qui dépendront de moi.

Je suis mortifié d'apprendre l'état languissant de M.^{r} votre père; je souhaite que le bon Dieu lui rende ses forces, et vous le conserve encore de longues années. Assurez-le de mon inviolable amitié, et dites-lui que personne ne lui désire plus de bien et de prospérité que moi.

L'espoir que nous avons d'apprendre bientôt l'entier rétablissement de M.^{r} des Issarts cause ici un contentement infini à tous ceux qui ont l'honneur de le connaître.

Nous avons perdu Mme la comtesse de Collovrath, Grande-Maîtresse de S. M. la Reine; nous voilà privés, en peu de temps, de deux Grandes-Maîtresses dont le mérite vous était connu, et que nous regretterons longtemps. Dieu veuille préserver Mme la Dauphine de la perte de Mme la Duchesse de Brancas; nous ne la connaissons ici que sur des rapports, mais ces rapports sont si avantageux, qu'on ne peut faire de vœux pour Mme la Dauphine sans penser à souhaiter une longue vie à Mme la Duchesse.

Conservez votre santé qui nous est également chère, et croyez-moi, avec toute la cordialité et la considération possibles,

Mademoiselle.....

Marie de Silvestre au comte de Wackerbarth.

Versailles, ce 15 juin 1751.

Monseigneur,

Je ne sais rien de plus flatteur pour moi que d'être assurée que ma lettre, par ce qu'elle renferme*, va vous causer le plus sensible plaisir; j'ai rendu un compte exact de toute l'émotion dont

---

* Une lettre de Madame la Dauphine était jointe à celle de Marie de Silvestre.

vous seriez pénétré en recevant un témoignage d'intérêt aussi honorable, de la part d'une si auguste, si aimable et si vertueuse princesse.

La santé de Mme la Dauphine ne saurait être meilleure. Elle se promène beaucoup et elle marche si légèrement qu'on ne remarque point qu'elle soit si avancée dans sa grossesse. On croit pourtant qu'elle a passé cinq mois et demi. Dieu veuille combler les vœux ardents et sincères de la France et des Saxons, et de l'Europe entière !

Le coffret a été trouvé d'un goût parfait, et a causé un vrai plaisir à Mme la Dauphine. M.^r Le Fort nous a donné les nouvelles les plus satisfaisantes de la santé de leurs Majestés et de toute la famille royale. Madame la Dauphine est, en tout ce qui regarde son auguste famille et son pays, comme si elle les avait quittés hier ; et elle est, ici, pour le Roi et pour sa famille, et pour la France, comme si elle était née en ce pays. Elle est, enfin, telle que vous avez prévu et deviné qu'elle serait.

Mon père est pénétré de reconnaissance pour toutes vos bontés. Il se trouve mieux, grâce à Dieu ! mais il a une infirmité qui, quoique peu considérable, persistera, je le crains, pendant le reste de sa vie. Un grand âge traîne toujours quelque chose de fâcheux après soi. Je bénis le ciel de lui avoir donné tant de courage, de patience et de résignation.

Je vous remercie aussi très-humblement, Monseigneur, de vos bontés pour M. Hutin ; je l'engagerai à faire tout son possible pour continuer à les mériter.

Vous avez, assurément, perdu deux rares sujets, deux dames aussi respectables que vertueuses ; on peut dire deux anges sur la terre. L'inviolable attachement que je porte à S. A. la Princesse Elect. me fait désirer qu'il soit aisé de les remplacer ; mais je ne sais rien de si difficile.

La santé de Mme la duchesse de Brancas nous a donné les plus vives alarmes, mais le beau temps a ranimé son tempérament qui est maintenant admirable. Je la compte entièrement hors d'affaire. Nous l'attendons mercredi ; elle est à Paris depuis un mois.

Madame * a huit dents. Elle est vive et jolie, se porte très-bien,

---

* Madame, sœur aînée du duc de Bourgogne, née à Versailles le 16 août 1750.

et nous donne le meilleur espoir pour ce qui doit suivre. J'ose attendre de votre bonté, Monseigneur, que vous me mettrez aux pieds de leurs Altesses Royales, à qui je rends d'humbles actions de grâce de vouloir bien se souvenir qu'elles ont en France leur plus fidèle servante.

Je voudrais que S. A. R. Mme la Princesse eût son collier qui est fait depuis déjà deux mois; mais je n'ose le confier qu'à M. le comte de Bellegarde.

J'ai l'honneur d'être avec respect, et avec l'attachement le plus parfait,

De Votre Excellence,

La très-humble et très-obéissante servante,

Marie DE SILVESTRE.

Marie de Silvestre au comte de Wackerbarth.

Vorsailles, 13 déc. 1751.

MONSEIGNEUR,

Je meurs de confusion lorsque je pense que je n'ai pu répondre directement à plusieurs lettres que vous m'avez fait l'honneur de m'écrire, toutes remplies de bonté, de confiance, et des choses du monde les plus affectueuses. Je serais inconsolable si je croyais que cela pût vous faire soupçonner le moindre relâchement au respect et à l'inviolable attachement que je vous ai voués pour la vie.

Je n'ai négligé aucune de vos commissions, aucun de vos ordres, Monseigneur, et j'ai déjà eu le bonheur de réussir en partie. Mr Amelot de Rouissil est placé dans le régiment de Mme la Dauphine. J'ai porté vos vœux à Mgr le duc de Bourgogne, qui les a reçus avec toute la bonté et la dignité qui convient à un si grand prince *. Madame, sa sœur, y a joint les grâces de sa mère, et je

---

* En parlant ainsi, avec enjouement, d'un enfant de trois mois,

vois qu'elle vous aimera beaucoup. Leur santé est parfaite. J'ai bonne espérance en ce qui regarde le pauvre Clermont ; Mʳ le comte de Mailly * se donne tous les mouvements nécessaires pour le faire entrer valet de pied chez M.ᵐᵉ la Dauphine, ce qui ne laissera pas que d'être difficile, parce qu'il faudra augmenter de deux le nombre de ces employés ; mais j'espère que la chose pourra réussir.

Je vous supplie, Monseigneur, de me faire savoir, avec sincérité, si S. A. R. a été satisfaite du ruban de diamants. M. Rondé a des diamants de reste dont il comptait faire une fleur pour mettre sur la tête en guise d'aigrette. Il les monte parfaitement bien. Oserais-je vous prier, en me nommant, de me mettre, au commencement de cette année, aux pieds de LL. AA. RR. ? J'ai encore une très-grande prière à vous faire, c'est de conserver une santé si nécessaire à leur service et à leur gloire, et de me conserver à moi ces bontés dont je sais si bien connaître le prix.

Vous avez fait ici une conquête, Monseigneur, dont il faut que je vous instruise. M.ᵐᵉ la duchesse de Brancas a remarqué la beauté et la candeur de votre physionomie dans la copie du tableau de Neuhaüs qu'a M.ᵐᵉ la Dauphine ; ce que j'ai pu lui dire de l'âme n'a rien diminué à ces sentiments. Vous serez bientôt à portée de lui en marquer votre reconnaissance. M.ᵐᵉ de Lauragais ** doit aller en Saxe, au commencement de l'année, avec ses petits-fils qui sont très-aimables et très-bien élevés. Je suis persuadée que votre politesse, et l'amour que vous avez pour la jeunesse qui se porte au bien, vous engageront à leur procurer tous les avantages qui dépendront de vous. Cette dame s'est dépouillée de tous les préjugés de notre nation, et a voulu que les trois années que perdent ordinairement nos jeunes seigneurs, fussent employées à leur acquérir des connaissances que tout l'esprit du monde ne saurait remplacer.

Marie de Silvestre était encore sous l'émotion de la joie qu'on avait éprouvée dans toute la France, et à la cour, surtout, lorsque, après quatre années d'attente, d'appréhension et d'espérance, la naissance d'un prince était enfin venue combler tous les vœux.

Madame, sœur du duc de Bourgogne, avait alors un peu plus d'un an.

* Premier écuyer de la Dauphine.
** Dame d'atours de la Dauphine.

Mon père vous offre tous ses vœux avec ses profonds respects, et vous supplie d'honorer toujours ses enfants de votre puissante protection.

Je suis avec un très-profond respect,

De Votre Excellence,

La très-humble et très-obéissante servante,

Marie de Silvestre.

Réponse à la précédente.

Dresde, 9 janvier 1752.

Mademoiselle,

Monsieur le B^{on} Le Fort m'a remis, ces jours passés, la lettre dont vous m'avez honoré, le 13 décembre dernier, et il m'a dit, de vive voix, mille choses ravissantes de Madame la Dauphine ainsi que de toute son auguste famille. Mais, avant d'entrer dans plus de détails à ce sujet, je dois m'acquitter des ordres de S. A. R. Mme la Princesse Elect. touchant le reste des diamants que M. de Rondé a encore entre les mains, à compte de Mme la Princesse Elect. Celle-ci a déjà donné commission à M.^r votre frère de faire en sorte que ces diamants lui soient renvoyés ici, à Dresde; mais, au cas où M. de Rondé ne les aurait pas encore rendus, Mme la Princesse, acceptant la proposition que vous lui faites, veut bien consentir à ce que M. de Rondé les emploie pour en former une fleur en guise d'aigrette, bien montée, pour être mise sur la tête de S. A. R. qui connaît le bon goût et le mérite de l'ouvrier dont elle a été fort contente.

Madame la Princesse et son époux m'ordonnent, en même temps, de vous faire mille amitiés de leur part.

Mr Amelot Rouissil ne m'a pas encore mandé sa réception au régiment de Mme la Dauphine. C'est à vous, mademoiselle, que j'en ai l'obligation. Il devra à votre bon cœur et à votre recommandation toute sa fortune, s'il s'applique et s'il se conduit bien au métier qu'il a embrassé. Je ne suis pas très-content du nommé

Clermont; il a écrit à Mme la comtesse douairière, sœur de la défunte, à Freyberg, une lettre fort impertinente; mais je veux la dissimuler, et je vous prie de lui continuer votre protection sans lui faire de reproches.

Avant que Mme la duchesse de Brancas ait vu, dans la copie du tableau de Neuhaüs, ma triste figure, j'ai lu des lettres de Mme la Duchesse dont le style m'a ravi et fait connaître la dignité et la douceur des sentiments de cette respectable dame, au point que j'en ai été épris. Dites-lui, je vous prie, de ma part, qu'elle a su captiver ma raison avant que mon portrait lui ait parlé en ma faveur. Ne pouvant avoir l'honneur de lui rendre mes hommages en personne, j'aurai, du moins, la consolation d'offrir mes services à Mrs de Lauragais, ses petits-fils, dès qu'ils arriveront à Dresde; rien n'égalera mon empressement à mériter leur estime et leur amitié.

Je sais que Mr de Silvestre a mis la main au grand ouvrage qui doit immortaliser sa belle vieillesse; je l'en félicite de bon cœur, et je suis impatient de voir le tableau et l'artiste qui l'aura peint.

Faites-lui, je vous prie, mille compliments de ma part.

J'ai réservé pour la bonne bouche l'article qui concerne notre adorable Dauphine. La vivacité de nos désirs, et ceux de la France, l'ont jugée enceinte plus tôt que cela n'était en réalité; elle nous pardonnera, j'espère, notre méprise, et je la prie de nous en punir au plus vite, en réalisant nos conjectures et nos désirs avant la fin de cette année. Il nous faut un duc d'Anjou; et, en attendant, nous prions Dieu qu'il nous conserve le duc de Bourgogne. J'en ai déjà toutes les mesures, en long et en large. Il me semble le voir croître sous mes yeux, en voyant croître notre jeune prince Frédéric-Auguste. Je leur donne, à peu près, les mêmes traits du visage, et les mêmes dispositions du cœur. Je me figure les voir jouer ensemble, et je me vois toujours en troisième avec eux. Ne sont-ce pas là d'agréables rêveries? Il faut le pardonner aux vieillards qui voudraient servir leurs maîtres jusqu'à la cinquième génération.

Baisez pour moi, baisez cent fois, je vous prie, les menottes du duc de Bourgogne et celles de Madame, sa sœur. Je m'étais proposé d'écrire une longue épître à Mme la Dauphine; l'ouverture du carnaval m'aurait fourni assez de matière à l'amuser, mais j'ai éprouvé, il y a huit jours, un symptôme qui ressemblait tant soit peu à une attaque de paralysie, qui m'a beaucoup abattu et dont j'ai eu bien de la peine à me remettre..............

Marie de Silvestre au comte de Wackerbarth.

Fontainebleau, ce 13 octobre 1752.

Monseigneur,

Est-il possible que je doive réponse à trois de vos lettres! J'en suis toute honteuse! Je vous supplie de croire que les voyages auxquels j'ai été indispensablement obligée depuis la maladie de M. le Dauphin m'ont seuls fait commettre une faute que je croirais irréparable, si l'excès de vos bontés pour moi m'était moins connu.

J'ai remis à M.me la duchesse de Brancas les livres que M. Hutin a apportés; elle les a reçus avec tout le respect et toute la joie que devait lui causer un si beau présent. Je lui ai laissé le soin d'exprimer elle-même combien elle vous a d'obligation, Monseigneur, pour lui avoir donné cette précieuse marque de souvenir, qui, au reste, ne pouvait s'adresser à personne qui en connût mieux la valeur. Elle vous aurait même écrit sur-le-champ, pour vous en témoigner toute sa reconnaissance, mais, bon Dieu! mettez-vous un moment à la place de ceux qui ont vu de si près le plus grand malheur que nous eussions à craindre! Vous peindrez-vous jamais nos terreurs et nos peines? Combien le temps nous a paru long et affreux! Si vous connaissiez celui que nous avons été sur le point de perdre! Sa tendre épouse ne lui aurait pas survécu. Qu'elle était digne de respects dans ce temps de douleurs et d'alarmes! Grâce à Dieu, la convalescence a été prompte et heureuse. Vous avez opiné juste pour la saignée. Il ne faut pas, dans cette traîtresse maladie, juger sur les apparences. Les règles générales ne sont pas praticables; il est prouvé que, sans la saignée, nous perdions le prince le plus aimable et le plus parfait que la France ait jamais reçu du ciel.

Je vous envoie, Monseigneur, le détail exact de la marche de sa maladie et de la façon dont elle a été traitée. C'est M. Bouilhai, premier médecin de Mgr le Dauphin et de Mme la Dauphine qui me l'a remis, signé de sa propre main. Il est accoutumé à envoyer à la Reine de Pologne un semblable détail circonstancié aux couches de Mme la Dauphine. Le présent exposé est pour le même usage. Je vous prie de le faire copier pour votre propre satisfaction ; d'en faire part à leurs Altesses Royales, puis de vouloir bien le faire parvenir vous-même entre les mains de Sa Majesté ; je n'ose prendre cette liberté.

L'auteur de ce mémoire est un homme sincère, excellent citoyen, le serviteur le plus fidèle ; haïssant également les tracasseries et les tracassiers ; ne faisant absolument la cour qu'à ses maîtres ; occupé uniquement de ce qui les regarde, et osant leur dire la vérité lorsqu'ils la lui demandent. Très en butte à l'envie, on a cherché vingt fois à le perdre avec toute la noirceur qui ne se rencontre que trop souvent dans les cours et dans les villes ; et cela, parce que le Roi le protége et le soutient, et qu'il lui a donné cette place de confiance, le connaissant pour un homme de mérite et de probité ; et le Roi est juste.

J'en veux venir, Monseigneur, à vous demander une grande grâce. Assurément, le galant homme est sensible à l'honneur ; il ne l'est qu'à cela. Examinez s'il n'y aurait pas trop de hardiesse à tâcher d'obtenir que la Reine de Pologne l'honorât de quelques lignes de sa propre main, par lesquelles elle voulût bien lui témoigner que cette attention qu'il a pour Sa Majesté lui est agréable.

Lorsque Mgr le Dauphin et Madame la Dauphine sont absents de la cour, il a l'honneur de rendre compte au Roi de l'état de leur santé, et leurs Majestés lui répondent toujours de leurs propres mains. J'ai cru que Mme de Salmour pourrait se charger de cette importante négociation qui rendrait heureux un homme habile. Du reste, je m'en remets entièrement à votre prudence.

Vous êtes bien bon, Monseigneur, de vous intéresser si vivement à mon père, et à l'honneur que l'Académie de peinture lui a fait. Je vous avoue tout naturellement que j'y ai été très-sensible, comme aussi à voir tout un corps de connaisseurs justifier les louanges obligeantes d'un grand Roi et de son auguste famille. J'ai éprouvé une sorte de tranquillité, comme un repos de conscience, en voyant que les talents de mon père, s'ils n'égalent pas les bienfaits du plus généreux des princes, ont pu mériter, de sa part, un regard de préférence et de bonté sur les ouvrages qu'il a eu le bonheur de faire pour lui.

Son tableau d'autel est fini, et je souhaiterais que son grand âge lui permît d'entreprendre le voyage de Saxe, comme il lui a permis de poursuivre un aussi grand ouvrage. Mais je crois qu'il y aurait trop d'imprudence et de risques, en quelque saison, d'ailleurs, que cela pût être, et quelque joie qu'il dût en ressentir; car, assurément, ce serait le comble de ses vœux. Il serait pénétré du bonheur de revoir ses maîtres et tous ses bons protecteurs. Il est en particulier, Monseigneur, touché de toutes vos bontés.

Je vous fais mon compliment de condoléance sur l'absence de vos chers enfants, le comte et la comtesse de Salmour. Madame la Dauphine me fait souvent la grâce de me parler de ce mariage auquel elle a pris un véritable intérêt. Tout le détail que vous lui avez envoyé touchant les couches heureuses de son Altesse Royale lui a été extrêmement agréable. Vos lettres lui font beaucoup de plaisir, et je les lui présente avec joie et confiance, sûre d'être bien reçue. On écrit des merveilles sur la réussite des princes en Pologne. On dit qu'ils y sont adorés, et je n'en suis pas surprise. L'état où s'est trouvée S. A. R., Mme la Princesse, l'a privée, cette fois-ci, d'accompagner leurs Majestés, mais c'est ce dont console aisément la naissance d'un fils. Une autre fois, elle recevra à son tour, ainsi que son auguste époux, tous les hommages qu'ils méritent. Gagner tous les cœurs est leur volonté et leur lot.

Pardon, Monseigneur, de la longueur de ma lettre. Conservez à moi et aux miens l'honneur de votre protection, et faites-moi la grâce de me mettre humblement aux pieds de leurs AA. RR.

Je suis avec un profond respect,

Monseigneur,

Votre très-humble et très-obéissante servante,

Marie DE SILVESTRE.

Marie de Silvestre au comte de Wackerbarth.

Versailles, ce 30 décembre 1752.

Monseigneur,

Comme il y a bien peu de personnes en qui j'aie reconnu autant de vertus qu'en vous ; comme il y en a très-peu à qui j'aie des obligations aussi particulières et aussi continues, je regarde comme un de mes premiers devoirs, à cette époque de l'année, de renouveler pour vous, au ciel, mes vœux les plus sincères, en lui demandant qu'il vous comble de toutes sortes de bonheurs.

Je vous félicite, Monseigneur, sur le retour de vos enfants chéris ; la Providence l'a marqué dans le triste moment où vous aviez le plus besoin les uns des autres, et j'ai bien pris part à votre situation ! Puisse cette nouvelle année vous amener tous les genres de prospérités, et, particulièrement, l'accroissement de votre si respectable famille. Que Mme la comtesse de Salmour songe à se ménager, si, par bonheur, elle se trouve grosse ! Madame la Dauphine lui fait ordonner absolument de prendre exemple sur elle dont l'extrême jeunesse ne l'a pas empêchée de se restreindre à la gêne la plus austère, et, comme elle lui conserve toujours le même intérêt, elle voudrait l'obliger aux mêmes soins.

La santé de Mme la Dauphine se rétablit de jour en jour. Monseigneur le duc de Bourgogne a huit dents ; il a la force d'un enfant de deux ans, et jouit, ainsi que Madame, d'une santé parfaite. Dès que nous aurons espoir d'un duc d'Anjou, je vous le manderai. Conservez-moi toujours, de grâce, l'honneur de vos bontés.

Je suis avec un profond respect,

De Votre Excellence,

La très-humble et très-obéissante servante,

Marie de Silvestre.

Réponse du comte de Wackerbarth.

Ce 21 janvier 1753.

Mademoiselle,

Votre lettre obligeante m'a trouvé au lit, où j'ai été retenu pendant cinq jours par la fièvre. Je commence à me remettre, et je profite de ce premier moment pour vous remercier, mademoiselle, des vœux et des souhaits qu'il vous a plu de me faire à l'occasion de cette nouvelle année. Je vous la désire des plus heureuses, et mes chers enfants, à qui j'ai fait part de votre attention et de vos politesses, joignent leurs vœux à ceux que je fais dans le fond de mon âme pour votre parfaite prospérité.

Ma nièce est de nouveau enceinte; j'espère qu'elle mènera à terme cette deuxième grossesse plus heureusement que la première. Elle m'a promis d'obéir, à la lettre, aux ordres gracieux dont madame la Dauphine l'a honorée par votre intermédiaire, et de suivre avec empressement l'exemple de cette auguste princesse. Mon neveu se dispose à faire, dans peu, un voyage à Turin, pour y régler ses affaires domestiques après la mort de son père. Je suis très-sensible à la part que vous avez bien voulu me témoigner prendre à la si juste et si vive douleur que cette mort m'a causée. Il est bien vrai que le retour de mes enfants de Pologne me l'a fort adoucie. Ils me chargent, tous deux, de vous faire, de leur part, mille compliments et expressions d'amitié, et de vous prier de les mettre très-profondément aux pieds de Mme la Dauphine.

J'attends avec impatience que vous m'annonciez, mademoiselle, la réalisation de nos espérances : la naissance d'un beau duc d'Anjou *. En attendant, je vous rends mille grâces des excellentes nouvelles que vous me donnez sur l'état prospère de Mgr le duc de Bourgogne et de Madame, sa sœur. Je vous envie, made-

---

* Le prince désiré et annoncé sous le nom de duc d'Anjou reçut, à sa naissance, le nom de duc d'Aquitaine.

moiselle, le bonheur que vous avez de leur faire si souvent la cour.

Je vous prie de présenter la lettre ci-incluse à Mme la Dauphine. Elle contient la réponse de Mme la comtesse de Weissenfels qui m'a fait ordonner de vous assurer de son estime. Leurs Altesses Royales conservent pour vous les sentiments de bonté que vous leur avez toujours connus.

Mon indisposition m'a empêché de confronter avec mes livres la feuille généalogique de notre aimable prince Frédéric-Auguste, que vous m'avez envoyée de la part de M. Guérin ; je le ferai avec un peu plus de loisir, et communiquerai ensuite le résultat aux Augustes Père et Mère de ce cher petit prince.

Toute la famille royale se porte à merveille, comme vous le verrez, mademoiselle, dans ma lettre à Mme la Dauphine. Mille compliments et amitiés à M. votre père. Si madame Frommin m'envoie sa réponse, comme je l'en ai fait avertir, vous la trouverez jointe à cette présente lettre que je finis en vous assurant qu'on ne saurait être, avec plus de considération et d'estime que je ne le suis,

    Mademoiselle.......

Marie de Silvestre au comte de Wackerbarth.

                        22 septembre 1752.

MONSEIGNEUR,

Je prends la liberté de m'adresser directement à vous, et de joindre à ma lettre celle que vous adresse M. de Sailly, aumônier de Mme la Dauphine ; ecclésiastique également respectable par ses mœurs, par sa profonde érudition et par l'emploi qu'il occupe. Je vous supplie de vouloir bien, sur sa recommandation, accorder au sieur Abraham, soit à Dresde, auprès des Révérends Pères Jésuites (afin qu'on ne soit pas en doute sur la sincérité de sa conversion), soit en Pologne, un appui qu'il prendra, sans doute, la liberté de vous demander. Mille pardons de mon importunité ;

je n'ai pu répondre par un refus à un homme d'un mérite aussi distingué que M. l'abbé de Sailly.

J'ai l'honneur d'être avec un profond respect,

De Votre Excellence,

La très-humble et très-obéissante servante,

Marie DE SILVESTRE.

Le comte de Wackerbarth à Marie de Silvestre.

Ce 28 mars 1753, partie le 1ᵉʳ avril.

MADEMOISELLE,

Je réponds avec plaisir à la lettre que vous m'avez écrite en faveur du sieur Jacob Abraham. Il m'a trouvé au lit avec un violent accès de sciatique et, par conséquent, hors d'état de m'employer pour lui, autant que j'aurais voulu le faire, sur votre recommandation. Je l'ai, pourtant, fait recommander de mon mieux aux dames et aux cavaliers de la cour et de la ville, nos amis charitables, afin qu'ils lui procurent secours et assistance.

Le voyage que ce pauvre converti a entrepris est fort long et fort coûteux ; je souhaite que les lettres de recommandation que j'ai tâché de lui procurer des ministres et des seigneurs polonais qui sont ici puissent lui être de quelque soulagement et utilité pour ses affaires en Pologne. Je ferai, en mon particulier, tout ce que je pourrai pour y contribuer, afin de vous témoigner le cas que je fais de vos recommandations.

Faites, je vous prie, mademoiselle, agréer mes soumissions à Madame la Dauphine, dont le parfait rétablissement et l'heureux état de sa grossesse font toute notre consolation.

M.ʳ le comte de Watzdorff et M.ʳ le comte de Loss, neveu de notre ambassadeur à Paris, vous apprendront tout ce que vous pouvez souhaiter de savoir de nos nouvelles.

Je ne saurais finir sans vous prier de faire mille compliments et amitiés à M.ʳ votre père. Tout le monde me fait de grands éloges de son beau tableau ; le froid qu'il fait encore ici, et mes indispositions, m'ont empêché, jusqu'ici, de l'aller voir et admirer moi-même.

J'ai l'honneur d'être avec toute la considération et l'estime....

Le comte de Wackerbarth à Marie de Silvestre.

Ce 8 avril 1753.

Mademoiselle,

Je vous suis doublement redevable de la lettre obligeante dont vous m'avez honoré à la date du 24 mars, et de celle que vous m'avez fait tenir de la part de M.ᵐᵉ la duchesse de Brancas. Je veux bien du mal aux bureaux des Postes, dont l'irrégularité m'a fait perdre le plaisir que j'aurais goûté, si ces dernières lettres m'étaient parvenues. Mais je n'en ai pas reçu depuis la dernière que je me suis donné l'honneur de lui adresser, en date du 24 août dernier, en lui envoyant quelques compositions de M.ᵐᵉ la Princesse Électorale. Pour que ces sortes d'égarements n'arrivent plus à l'avenir, permettez-moi, mademoiselle, de me prévaloir de votre intermédiaire ; et que je commence, dès aujourd'hui, à vous adresser la réponse ci-jointe pour cette digne et respectable dame.

Je suis ravi d'apprendre que M.ᵐᵉ la Dauphine avance si heureusement dans sa grossesse, et je me flatte que, vers la fin d'avril prochain, vous serez en état de nous annoncer la naissance d'un duc d'Anjou.

J'ai été ravi de joie au touchant récit que vous me faites, dans votre lettre, de la promenade de M.ᵍʳ le Dauphin et de M.ᵐᵉ la Dauphine, menant entre eux le duc de Bourgogne. Que ne me suis-je trouvé en un coin pour voir, pour admirer, pour m'édifier d'une si tendre union, et pour mêler mes acclamations à celles que tout Versailles et toute la France sont entraînés à donner à ces augustes personnes qui ne peuvent que faire, un jour, la félicité et les délices de leur royaume. Je les ai toujours présents à mon esprit, et ce n'est jamais sans prier le Seigneur pour leur conservation et pour leur constante prospérité. Si vous trouvez un moment favorable pour leur faire agréer ces sentiments de mon zèle et de ma profonde soumission, je vous supplie, mademoiselle, de ne pas le perdre de vue.

La description ravissante que vous m'avez faite de la promenade ci-dessus exige que je vous rende la pareille, en vous faisant le récit détaillé d'un dîner de famille que M.gr le Prince Royal donna, le mois passé, à Sa Majesté la Reine. Le Roi étant absent, et M.gr le Prince Royal ayant coutume de dîner seul, les jours maigres, avec Mme la Princesse, son épouse; Sa Majesté la Reine les surprit, et leur dit qu'elle voulait être de la partie. Elle avait avec elle ses trois filles, les princesses; et M.gr le Prince Electoral fut obligé d'y faire venir aussi le petit prince Frédéric-Auguste. Jamais la Reine n'a été de meilleure humeur; faisant éclater, tour à tour, sa dignité, sa bonté et sa tendresse, d'une manière qui enchantait les spectateurs.

On m'a écrit de Turin que M. le marquis des Issarts en était parti pour retourner en France, à cause de sa mauvaise santé; j'en suis très-mortifié. Je me réjouis avec vous de ce que M. votre père se porte si bien; je vous prie de lui faire, de ma part, mille compliments et amitiés. Ma nièce, la Ctesse de Salmour, a été très-sensible à votre souvenir et à tout l'intérêt que vous prenez à sa santé. Elle se porte aussi bien que l'état de sa grossesse peut le permettre, et elle me charge de mille expressions obligeantes pour vous. Vous apprendrez de Mme la duchesse de Brancas le peu de nouvelles que je lui mande de notre cour; de sorte que je me dispense de vous les répéter en particulier, me bornant à vous réitérer les assurances de considération et d'estime avec lesquelles j'ai l'honneur d'être,

      Mademoiselle.....

P. S. Leurs Altesses Royales s'étaient proposé d'aller, avant-hier, à la galerie des tableaux, pour y voir celui que M.r votre père a fait en dernier lieu; mais les pluies continuelles que nous avons depuis trois jours les ont privées de cette satisfaction.

Au comte de Wackerbarth.

Versailles, 16 septembre 1753.

Monseigneur,

On ne peut avoir de meilleures nouvelles à donner. Nous voici au neuvième jour des couches de Mme la Dauphine, et, grâce à Dieu, sans le moindre accident. Sa patience est sans exemple, comme sa douceur. Elle n'a sorti les mains de son lit que le cinquième jour, et, jusqu'à ce moment, elle n'a pris que d'excellent bouillon, toutes les trois heures; depuis, on lui a fait prendre deux potages et deux œufs frais par jour*. Peu ou point de fièvre de lait, et tout allant pour le mieux. Son rétablissement sera très-prompt, ainsi que nous l'espérons, parce qu'elle n'a pas été affaiblie par un long travail, et qu'elle a eu de bonnes nuits.

Monsieur le duc d'Aquitaine profite d'un jour à l'autre. Il n'est pas tout à fait aussi fort qu'était Mgr le duc de Bourgogne, ce qui tient à ce que les os sont plus petits. Il est beau et gras et plein de vie. Demain, lundi, Mme la Dauphine se fait une fête de se faire apporter ses trois enfants sur son lit; je serais bien fâchée de manquer d'assister à ce touchant spectacle. Elle a été comblée des caresses, des attentions et de la joie de la famille royale. Le Roi et la Reine lui ont fait régulièrement quatre visites par jour, et cela avec une tendresse égale à celle que leurs Majestés Polonaises pourraient éprouver et manifester. Je puis dire aussi que c'est la première fois que j'ai vu cette auguste princesse et monseigneur le Dauphin se livrer à la joie et à une joie aussi vive. La grossesse avait été fâcheuse, et plus inquiétante que nous ne l'avions mandé à Dresde. Mme la Dauphine était faible, triste et languissante; et elle m'a avoué qu'elle n'avait pas été, cette

---

* Il ne faut pas perdre de vue que tous ces détails sur les couches et sur la santé de la Dauphine, qui pourraient paraître trop minutieux, devaient être transmis à la reine de Pologne, mère de la Dauphine.

fois-ci, sans appréhensions; ce qui ne lui était pas arrivé précédemment. D'ailleurs, je ne sais pourquoi personne ne se flattait d'avoir un prince. Enfin, Dieu qui l'aime et qu'elle sert si bien, l'a bénie de toutes les façons. Nous la regardons ici comme notre ange tutélaire : elle est, plus que jamais, le trésor et l'idole de la nation.

Elle m'a ordonné de vous dire, Monseigneur, qu'elle avait reçu une lettre de vous, à laquelle elle comptait répondre il y a huit jours, mais que vous excuseriez sa négligence quand vous apprendriez l'affaire *importantissima* qui l'avait occupée à ce moment. Elle s'intéresse beaucoup à l'heureux accouchement de Madame votre nièce, et lui souhaite un fils pour votre consolation, pour la sienne et celle de son cher époux.

Croyez-moi pénétrée de reconnaissance, Monseigneur, pour les infinies bontés que vous et vos chers enfants ne cessent de témoigner à toute ma famille. Je devrais vous faire les plus humbles excuses d'avoir été si longtemps sans vous écrire, mais je me suis vouée à une sujétion perpétuelle, unique reconnaissance que je puisse marquer à mon auguste Maîtresse pour toutes les bontés dont elle me comble.

Madame la duchesse de Brancas est extrêmement flattée de votre souvenir. Elle a soutenu les fatigues occasionnées par les couches de M.me la Dauphine, sans que sa santé en soit le moins du monde altérée; loin de là, je la trouve tout engraissée et rajeunie.

Je finis, Monseigneur, en priant Votre Excellence de croire que rien n'égale le profond respect avec lequel je suis,

Monseigneur,

Votre très-humble et très-obéissante servante,

M. DE SILVESTRE.

P. S. Je supplie Votre Excellence de ne faire nulle attention à tout le griffonnage de ma lettre; j'écris à la dérobée, et n'ai qu'un moment.

Madame la Dauphine m'a dit de vous écrire que M.gr le duc d'Aquitaine se nomme Xavier. M.r l'abbé de Sailly est pénétré de reconnaissance pour votre charité envers son juif; il dit que Dieu vous le rendra au centuple, et que vous êtes un ange.

M.ʳ Charon est pleinement et parfaitement justifié ; il a vu M.ᵐᵉ la Dauphine, grâce bien particulière ici, et qui a dû lui faire beaucoup de plaisir.

Au comte de Wackerbarth.

Versailles, ce 15 décembre 1753.

Monseigneur,

Vous avez jugé dans cette circonstance comme vous faites toujours. Leurs Majestés n'avaient pas marqué à M.ᵐᵉ la Dauphine, par leurs lettres du 25 novembre, que M.ᵍʳ le prince Clément eût la petite vérole déclarée, mais seulement qu'on en voyait tous les symptômes. Malheureusement dans d'autres lettres on n'a pas eu la même discrétion. Personne que vous, Monseigneur, n'a eu l'attention d'écrire le 28, mais votre lettre est restée à Dresde, et s'est trouvée dans le même paquet que celles du 2. J'en ai été d'autant plus affligée que vous aviez tout prévu, et que les marques de votre attention et de votre zèle pour M.ᵐᵉ la Dauphine lui auraient été d'un grand soulagement. Votre lettre lui serait arrivée le samedi, tandis qu'elle n'a eu de nouvelles que le mardi au soir ; aussi a-t-elle passé ces quatre jours dans une peine et une inquiétude que sa fermeté et sa sagesse n'ont pu cacher à toute la cour qui les partageait et qui admirait son bon cœur. On se demandait dans Versailles des nouvelles de M. le prince Clément, comme on en demanderait de M. le duc d'Aquitaine dans une circonstance semblable, tant les intérêts chers à M.ᵐᵉ la Dauphine le sont devenus à la nation elle-même. Nous sommes aujourd'hui, 15 du présent mois, presque dans les mêmes craintes que nous avions la semaine passée, les lettres du 9 n'étant pas aussi consolantes que nous aurions pu l'espérer.

Je vous supplie, Monseigneur, de vouloir bien me continuer le même honneur de faire mettre pour moi vos lettres à la poste.

Les frais qui s'ensuivent ne me font nulle peine à solder, quand il s'agit de tranquilliser le cœur sensible de mon auguste Maîtresse ; et vous connaissez si bien ce cœur parfait que vous avez toujours soin de rendre compte, dans vos lettres, de tous les articles que vous sentez bien qu'il désire savoir. Que je puisse donc compter sûrement sur quelques lignes de votre part, toutes les fois qu'il se présentera quelqu'une de ces circonstances propres à l'intéresser.

Madame Victoire a été bien incommodée à Fontainebleau. Sa santé se remet de jour en jour, quoique lentement. Elle éprouve encore quelques légers sentiments de fièvre, mais qui ne donnent aucun sujet d'inquiétude. Le Roi lui-même a été incommodé, et a gardé la chambre pendant plusieurs jours ; mais, grâce à Dieu, il est aujourd'hui entièrement rétabli. Tout le reste de la famille royale jouit d'une santé parfaite. Mme la Dauphine n'est pas grosse, et l'on n'est pas fâché qu'elle ait quelque temps de repos pour se remettre.

Je souhaite, Monseigneur, que la nouvelle année vous apporte de nouvelles consolations, et de nouveaux bienfaits du ciel qui récompensent votre bonté et vos vertus. Continuez-moi toujours, et aux miens, l'honneur de votre protection.

Je suis avec un profond respect, de Votre Excellence,

Monseigneur,

la très-humble et très-obéissante servante,

M. DE SILVESTRE.

Réponse du comte de Wackerbarth.

9 janvier 1753.

MADEMOISELLE,

Je suis mortifié d'apprendre, par votre lettre obligeante du 15 décembre, le retard de celle que j'avais eu l'honneur de vous écrire le 28 novembre dernier. Le bon cœur de Mme la Dauphine, et sa tendresse pour ses frères et sœurs, me sont assez connus, pour que je puisse me figurer les angoisses et les inquiétudes que cette princesse aura éprouvées à la nouvelle de la petite vérole de M.gr le prince Clément. Grâce à Dieu, ces alarmes sont heureusement dissipées; et ce cher prince est si bien rétabli, qu'il ne lui en reste pas même de marques. Je n'aurais pas manqué de vous écrire plus souvent pendant le cours de cette indisposition, si je n'avais pas été, moi-même, attaqué, pendant plusieurs semaines, d'une assez forte sciatique. D'ailleurs, je me persuadais que S. M. la Reine informerait, avec sa régularité ordinaire, M.me la Dauphine du bon train que prenait la petite vérole de M.gr le prince Clément.

Ce que vous avez eu la bonté de me dire, mademoiselle, de l'indisposition du Roi et de celle de Madame Victoire nous aurait fort inquiétés, si vous ne nous aviez pas mandé, en même temps, le parfait rétablissement de S. M., et le bon pli que l'on voyait prendre à la convalescence de Madame Victoire.

M.gr le Prince héréditaire de Modène, qui est ici, incognito, sous le nom de Marquis de Nori, rendra les divertissements de notre carnaval beaucoup plus brillants et plus animés. Il est ici depuis le 30 décembre avec une suite de trente et une personnes. Le Roi lui a fait offrir un logement au château, quelques cavaliers, des officiers et les équipages de la Cour, pour le servir; mais il a très-gracieusement remercié Sa Majesté. Il a préféré descendre à l'hôtel de Saxe. Son incognito n'empêche pas qu'on ne lui fasse tous les honneurs et les distinctions imaginables, ce dont il témoigne être très-satisfait. Il reçoit et rend visites sans la moindre contrainte; et il dîne, sans façon, tantôt chez lui, tantôt chez les principaux de la Cour et des Ministres étrangers. Il nous menace de nous quitter vers la moitié de janvier; mais, comme il aime fort la musique et les spectacles, nous espérons qu'il pourrait bien prolonger son séjour ici jusqu'à la fin du mois.

Le nouvel opéra intitulé *Artémisis* n'étant pas encore achevé, on fit, avant-hier, l'ouverture du théâtre par la représentation de l'opéra *Solimano*. Hier, il y a eu comédie italienne; et ces sortes de spectacles se succèdent, tour à tour, cinq fois la semaine. La Redoute en masques, chez le baron Le Fort, commença aussi dimanche dernier. Aussitôt que M.me la Princesse Élect.le sera entièrement remise de son indisposition, il y aura bal deux fois par semaine au palais de LL. AA. Electorales.

Il me reste à vous remercier, mademoiselle, de vos félicitations obligeantes à propos de la nouvelle année. Je vous la souhaite des plus heureuses, ainsi qu'à monsieur votre cher père, à qui je vous prie de faire mille amitiés de ma part. Conservez-moi la vôtre, et soyez persuadée de la parfaite considération et estime avec laquelle j'ai l'honneur d'être,

Mademoiselle......

Au comte de Wackerbarth.

Versailles, 17 février 1754.

Monseigneur,

Votre lettre en date du 26 janvier a causé ici toute la joie imaginable, en nous apprenant l'heureuse délivrance de son Alt. Royale, M.me la Princesse Electorale, et la naissance d'un troisième fils. Je n'ai pas manqué de remettre, sur-le-champ, à M.me la Dauphine, la lettre incluse de S. A. R. M.gr le Prince Elect. Monseigneur le Dauphin était présent. On s'est entretenu longtemps du père, et du bonheur dont le ciel le comblait par la naissance de trois princes qui, grâce à Dieu! sont en parfaite santé.

La grossesse de M.me la Dauphine ne semble plus douteuse; j'espère que, au mois de septembre, nos vœux seront entièrement exaucés, et que Dieu nous donnera, pour comble de bonheur, un duc de Berry. L'heureux état où se trouve M.me la Dauphine m'a empêché de lui communiquer votre dernière lettre, en date du 3 février. Par suite de l'accident arrivé à S. A. R. dans les premières vingt-quatre heures de sa couche, M.gr le Dauphin, qui, d'ailleurs, a lu la lettre avec intérêt, a jugé à propos qu'on ne lui en parlât point, de peur de lui donner un sujet d'inquiétude. Mais je lui ai rendu compte de la bonne santé de S. A. R., et de celle du jeune prince, son filleul, auquel elle paraît s'intéresser beaucoup. Je ne puis donc assez vous remercier, Monseigneur, d'avoir bien voulu me mettre à même de transmettre des nouvelles fraîches et sûres, et aussi intéressantes. Mme la Dauphine garde la chambre depuis trois jours pour un rhume qui ne donne cependant aucune inquiétude, puisqu'il n'altère ni son sommeil, ni son appétit, ni sa beauté. Mgr le duc d'Aquitaine en a un aussi long que violent, accompagné de fièvre. On se rassure, parce qu'on ne doute plus que son malaise ne provienne de quatre dents prêtes à percer, ce qui est prodigieux pour un enfant de cinq mois, quelque bien portant qu'il soit d'ailleurs. Mgr le duc de Bourgogne et Madame jouissent de la plus parfaite santé, et ont assisté, aujourd'hui, en public, au dîner de Mme la Dauphine et de Mgr le Dauphin.

Je serais ravi de revoir mon frère et que mon père aussi le revît, si une cause aussi fâcheuse ne nous le ramenait; mais je sais que, malheureusement, sa santé est dans un bien plus fâcheux état que ni lui ni sa femme ne le croient, et j'en suis dans la plus grande inquiétude, aussi bien que du parti violent qu'il a pris de faire le voyage dans la plus cruelle saison de l'année. J'ai des preuves si convaincantes, Monseigneur, de l'excès de vos bontés pour nous, que je me permettrai de vous demander une grâce qui peut contribuer à sa fortune et à celle de ses enfants. Je n'ai pas su son départ, et n'ai pu, par conséquent, lui indiquer de précautions à prendre. Il n'aura point de lettres de vous ni pour Mme la duchesse de Brancas, ni pour Mme la Dauphine. Je vous supplie, Monseigneur, en répondant à la lettre ci-incluse qu'écrit la duchesse, de vouloir bien le recommander comme un homme qui a soin de sa famille, que Votre Excellence a toujours particulièrement protégé, et dont la conduite a mérité votre approbation. Je vous avoue que je voudrais profiter de son séjour ici pour obtenir de ces grâces qui sont si communes en France et que chacun peut espérer. La grâce serait complète si vous vouliez bien en toucher quelque chose à Mme la Dauphine.

Mr Guérin, ancien lecteur de l'université, m'a envoyé une lettre de Votre Excellence, datée d'Hubertsbourg. Je lui ai écrit, et l'ai prié de m'envoyer un mémoire ou bien de m'indiquer où je pourrais le voir à Paris. Je me ferai un devoir de lui rendre tous les services qui dépendent de moi. Je n'ai point encore de réponse de lui, et je ne sais ce qu'il souhaite.

Dieu vous donne assez longue vie, Monseigneur, pour voir les enfants de votre nouveau prince. Mon père vous offre ses profonds respects, ainsi que M.r l'abbé Allaire.

Je suis avec un entier respect et avec l'attachement le plus inviolable, de Votre Excellence,

Monseigneur,

La très-humble et très-obéissante servante,

Marie DE SILVESTRE.

Réponse du comte de Wackerbarth.

Ce 16 mars 1754.

MADEMOISELLE,

La lettre dont vous m'avez honoré, le 17 février, m'a d'abord causé une grande inquiétude au sujet de M.gr le duc d'Aquitaine dont vous m'annonciez l'indisposition. Mes tristes pressentiments ne se sont trouvés que trop vérifiés, lorsque, huit jours après, nous apprîmes la mort de ce cher prince.

Ici, S. M. le Roi, la Reine et toute la Famille Royale ont ressenti une vive douleur de cette perte qui était d'autant plus fâcheuse que la santé de M.me la Dauphine pouvait en recevoir quelque altération. Dieu soit loué ! les nouvelles d'après nous ont délivrés de cette crainte. On nous mande que le Roi très-chrétien se console de cette perte ; que M.gr le Dauphin, avec une piété admirable, en a fait le sacrifice au Seigneur, et que M.me la Dauphine, toute résignée, se porte bien, de même que M.gr le duc de Bourgogne et Madame de France, sa fille.

Continuez, je vous prie, mademoiselle, à me donner de bonnes nouvelles. Celles que je puis vous écrire d'ici sur la Famille Royale sont également satisfaisantes ; mais M.me la duchesse de

Courlande a été attaquée, avant-hier, d'un accès de paralysie dont elle aura de la peine à guérir.

J'espère que vous nous donnerez, au premier jour, avis de l'heureuse arrivée de M.r votre frère à Versailles. Il a quitté Dresde avec beaucoup de regret en se séparant de sa digne femme, de ses chers enfants et de ses amis ; mais il aura trouvé du dédommagement à Paris, en compagnie de M.r son père et de sa bonne sœur, qui lui procureront, j'en suis sûr, tous les moyens de rétablir sa santé. Connaissant la pente naturelle du cœur bienfaisant de M.me la Dauphine, je n'ai point écrit à cette excellente princesse en faveur de M.r votre père, mais je lui mande par la poste, aujourd'hui, que toutes les grâces qu'elle lui accordera rejailliront sur moi, à cause de la véritable amitié et estime que je lui porte.

Je ne puis terminer cette lettre sans vous faire des compliments, mademoiselle, de la part de leurs Altesses Royales Elect.s qui ont fort agréé vos félicitations sur la naissance de leur troisième prince. Celui-ci se porte à merveille. Nous célébrons, après-demain, sa fête, celle de sa chère tante et marraine, et celle de sa grand'maman. Que le bon Dieu comble de ses plus chères bénédictions, et ces trois Joseph et toute leur auguste postérité !

J'ai l'honneur d'être, mademoiselle.....

P. S. Bien des compliments, de ma part, à M.r votre père, à M.r votre frère et à M. l'abbé Allaire.

Au comte de Wackerbarth.

Versailles, ce 12 may 1754.

Monseigneur,

Il y a quinze jours que M.me la Dauphine m'a fait la grâce de me charger pour vous d'une commission qui m'est extrêmement agréable ; c'est de vous faire parvenir la lettre ci-jointe, accompagnée d'une boîte que vous trouverez, je crois, tout à fait de votre goût; mais j'ai bien assuré que ce qui la rendra, à vos yeux, d'un prix inestimable, c'est la main dont elle vous vient. Vous savez déjà que celle qui a été apportée par mon frère a paru si excellente à M.gr le Dauphin, qu'il se l'est appropriée, et qu'il dit agréablement qu'elle fait la douceur de sa vie.

La santé de M.me la Dauphine est parfaite. Cette grossesse est des plus heureuses, et elle n'en ressent pas la plus légère incommodité. Il n'en est pas de même de Madame. Sans perdre ni le sommeil ni l'appétit, avec un teint et des yeux excellents, en très-peu de temps elle a cessé de pouvoir marcher, et ne se soutient nullement sur ses jambes. Cela nous donne beaucoup de soucis, d'autant que les médecins ne disent pas positivement à quoi l'on peut attribuer un changement si prompt et si inquiétant. C'est vraiment bien douloureux, car il n'y a rien de plus intéressant et de plus spirituel que cette aimable et chère enfant. Tout nous épouvante depuis la perte que nous avons faite.

M.r de Vaudeville, avec la boîte, remettra aussi à Votre Excellence un exemplaire de la Galerie de Versailles que je prends la liberté de lui offrir, à elle qui a toujours aimé et protégé les arts. Je ne l'ai pas fait relier, parce que l'éditeur, qui est de mes amis, a bien voulu choisir les épreuves avec le plus grand soin, et que je suis persuadée qu'elles perdent toujours de leur netteté et de leur éclat par les fatigues de la reliure. Elles se conservent infiniment mieux quand on en a soin, et sont plus commodes à feuilleter. Il y a longtemps qu'il n'a paru de recueil d'estampes fait avec autant d'attention et d'exactitude.

Je vous remercie humblement, Monseigneur, de toutes les bontés dont vous avez comblé mon frère lors de son départ. Je vous supplie de vouloir bien lui continuer, ainsi qu'à sa femme et à ses enfants, vos bonnes grâces et votre protection. La joie qu'il a eue de revoir mon père a été excessive, mais un peu troublée par un rhume qui l'a tourmenté cet hiver. Il va mieux aujourd'hui; mais l'assiduité à laquelle m'oblige la grossesse de M.me la Dauphine m'a empêchée d'aller à Paris depuis cinq semaines, et c'est ce qui fait que, si près les uns des autres, nous ne nous voyons pas.

Madame la duchesse de Brancas attend les portraits avec bien de l'impatience, et me paraît bien touchée de cette marque d'attention de votre part. Sa santé est parfaitement rétablie. Nos inquiétudes sur celle de Mme la duchesse de Courlande sont heureusement dissipées; Mme la Dauphine a été bien inquiète et bien touchée de l'état où elle s'est trouvée. Je vous supplie de me continuer vos bontés.

Je suis avec un profond respect, de Votre Excellence,

Monseigneur,

La très-humble et très-obéissante servante,

Marie de Silvestre.

Au comte de Wackerbarth.

Versailles, 13 août 1755.

Monseigneur,

J'ai remis, dès l'instant que je l'ai reçue, la lettre de Mgr le Prince Elect. à Mme la Dauphine, qui l'a lue avec *il solito piacere*. La santé de cette auguste princesse est, grâce à Dieu, parfaite. Elle n'a pas encore eu de grossesse aussi heureuse que celle-ci. Elle est grasse, blanche, belle et de la meilleure humeur du monde. Elle a témoigné à notre bonne Frommin toute la bonté et toute la sensibilité possibles. La marque de zèle et d'attachement que celle-ci lui a donnée en entreprenant, à son âge, un voyage si long, uniquement dans le dessein de se mettre à ses pieds, et de voir son bonheur de près, lui a été extrêmement agréable. Notre voyageuse ne reçoit pas moins de marques des bontés de Mgr le Dauphin; et elle partira, j'espère, comblée de toutes sortes de grâces et de bienfaits de leur part. Je crois que ce sera vers la mi-septembre; s'il y avait quelque chose que pût désirer Votre Excellence, elle serait enchantée d'en être chargée. Sa conduite a été admirable. Tout le monde la connaît et l'aime dans Versailles. On lui a accordé l'accès le plus intime, et tout ce qu'elle a voulu.

Grâce à Dieu, le plan de vie de M.gr le Dauphin et de M.me la Dauphine est si beau, leur union est si tendre, que tous leurs bons serviteurs désireraient qu'il y eût, sans cesse, cent témoins prêts à raconter dans tout l'univers les exemples de vertus qu'ils donnent même aux personnes les plus régulières. J'engage Votre Excellence, lorsque cette bonne Frommin sera de retour à Dresde, à la faire venir, et surtout à la questionner sur tous les points dont je ne saurais parler sans rendre mes lettres trop longues. M.me la duchesse de Brancas et moi, nous réjouissions, l'autre jour, du plaisir que ces récits pourront causer à S. M. la Reine de Pologne.

Je suis bien fâchée du quiproquo qui a eu lieu au sujet des portraits : il y a, en vérité, bien de la différence entre les deux ; mais vous m'assurez, Monseigneur, que M.r le comte de Vitzthum apportera l'original de celui de son Altesse Royale, et cela me console. M.me la Dauphine m'a ordonné de vous écrire que, si vous voulez y joindre les six que M.r le comte de Rotori désire lui présenter, elle les recevra avec plaisir.

Je ne puis assez vous témoigner ma vive reconnaissance, ainsi qu'à Monsieur et à Madame de Salmour, pour toutes les bontés dont vous comblez ma famille. Je suis bien persuadée que la position de mon frère deviendrait un peu meilleure s'il se trouvait, sous votre direction, Monseigneur, ou sous celle de S. Ex. M.r le comte de Salmour, quelque place qu'il fût capable de remplir. Les années de mon père s'augmentent ainsi que le nombre de ses petits-enfants. Je ferai certainement pour eux tout ce qui dépendra de moi, remettant le reste à la Providence qui ne les fait pas naître pour être malheureux.

M.gr le Dauphin est revenu de Compiègne avec une santé parfaite. Il a repris un peu d'embonpoint, et a le meilleur teint du monde. M.gr le duc de Bourgogne est beau comme le jour ; le duc de Berry* ne lui cède en rien, mais Madame est toujours d'une délicatesse singulière ; j'espère cependant qu'elle s'élèvera.

M.r l'abbé d'Allaire et mon père présentent leurs profonds respects à Votre Excellence, et la remercient de ses bontés ; ils jouissent, grâce à Dieu, d'une parfaite santé.

---

* Né le 23 août 1754.

J'ai l'honneur d'être avec le plus profond respect, de Votre Excellence,

Monseigneur,
la très-humble et très-obéissante servante,
Marie DE SILVESTRE.

Réponse du comte de Wackerbarth à la lettre précédente.

Ce 31 août 1751.

MADEMOISELLE,

Les grâces que Mme la Dauphine a répandues sur notre bonne Frommin font l'éloge du cœur de cette noble princesse, et même celui de la cour de Versailles, qui, malgré l'envie des courtisans, applaudit à la bonté et à la générosité de la Famille Royale. Vous avez deviné, mademoiselle, que je ne cesserais de faire des questions à la Frommin, lors de son retour en Saxe, sur tous les points qui concernent la santé, le bien-être et, principalement, l'éducation de Mgr le duc de Bourgogne, de Mgr le duc de Berry et de Madame, leur sœur. Les nouvelles publiques ont déjà désigné un gouverneur pour Mgr le duc de Bourgogne; il me semble que ces bruits doivent être un peu prématurés, puisque vous ne m'en dites rien.

Le Prince Royal Elect. pense aussi aux moyens de retirer, le plus tôt possible, son fils aîné des mains des femmes. Pour cet effet, le Roi a résolu de faire abattre le vieux jeu de paume, et de le remplacer par une aile qui joindra le palais de LL. AA. Electorales, afin d'y loger, avec plus d'aisance et de commodité, les princes, à mesure que, successivement, ils quitteront l'aya*.

L'emplacement qui servait autrefois à la chapelle du château servira à l'établissement du jeu de paume, et ce nouveau bâti-

---

* Nom que porte la gouvernante des princesses et des princes encore enfants. E. S.

ment sera achevé dans un ou deux mois d'ici. Pendant l'hiver, on abattra le vieux jeu de paume, et on préparera tous les matériaux nécessaires à la construction du nouveau. Je ne sais si le bon Dieu me donnera assez de vie pour voir l'exécution de tous ces projets, mais je vous avoue que je m'applaudis de voir le zèle avec lequel Leurs Altesses R. E. insistent sur ce point, et surtout sur celui de la bonne éducation de leurs chers enfants.

M. le comte de Witzthum fait état de partir d'ici vers la mi-septembre. Mme son épouse l'arrêtera longtemps en chemin, à cause de son indisposition dont vous avez été, sans doute, informée d'ailleurs. Ce ministre sera chargé du portrait de Mgr le Prince Electoral, fait de la propre main du comte de Rotori. J'ai lu à celui-ci l'article obligeant de votre lettre, qui dit que Mme la Dauphine recevra avec plaisir les six petits tableaux qu'il ose lui présenter de sa façon. Il m'en a fait voir plusieurs têtes qui représentent les divers ajustements et coiffures de nos Saxonnes, et quelques autres qui expriment les différentes passions de l'âme. Ne sachant pas auxquels donner la préférence pour rencontrer le goût de Mme la Dauphine, je lui ai dit qu'il ne ferait pas mal d'en envoyer une demi-douzaine des uns et une demi-douzaine des autres, et de les assortir de manière que l'un puisse servir de pendant à l'autre. Ma réflexion l'a encouragé à mettre la dernière main à ce travail, que M.^{r} le comte de Vitzthum aura l'honneur de présenter lui-même à Mme la Dauphine.

En attendant, M.^{r} le comte de Rotori m'a chargé de vous marquer l'obligation qu'il vous a, de lui avoir procuré, de Mme la Dauphine, la permission de lui faire parvenir quelques essais de son pinceau, comme un hommage de son respect et de sa profonde soumission. Il en a envoyé deux en Bavière qui ont eu beaucoup de succès; mais c'est à Paris que se trouvent les juges les plus compétents en matière d'arts, et vous me ferez plaisir de me mander le pour et le contre en ce qui regarde sa manière de peindre, selon votre avis et celui de M.^{r} votre père.

Le susdit Rotori a vu de vos ouvrages au pastel en différents endroits, et les a beaucoup estimés. En voilà assez sur la peinture. Madame la Dauphine m'a donné occasion d'entrer dans ces détails. Je reviens à Mme la Dauphine, qui occupe, j'ose le dire, tout mon cœur et tout mon esprit. Je ne cesse de faire des prières pour l'heureux succès de sa grossesse. Elle doit donner un bon exemple à la Reine des deux Siciles, et à notre Princesse Electorale. Dès que M.me de Salmour et son mari seront rentrés en ville, ce qui arrivera dans peu de jours, je leur dirai toutes les expressions obligeantes que vous me marquez, mademoiselle, pour leur compte. Ils se portent fort bien, et, s'il ne tenait qu'à eux et à moi de rendre M.r votre frère aussi heureux qu'il le mérite, il le serait certainement.

Faites bien, je vous prie, mille assurances d'amitié et d'estime à M.r votre père et à M.r l'abbé Allaire. Il est inutile de vous écrire des nouvelles de ce pays-ci, puisque M. le comte de Vitzthum doit vous en donner, dans peu, sur tous les sujets sur lesquels vous le questionnerez.

J'ai l'honneur d'être, avec toute l'estime et l'attachement possibles....

Au comte de Wackerbarth.

Versailles, 1er janvier 1756.

Monseigneur,

Je suis confuse de tous les torts dont je suis chargée envers Votre Excellence qui a la bonté de se souvenir si souvent de moi; qui me fait la grâce de m'écrire des lettres toutes remplies de sentiments qui me pénètrent de reconnaissance, qui entretiennent et augmentent sans cesse l'inviolable attachement que j'ai pour elle depuis plus de trente ans, et que je conserverai toute ma vie : je ne vous ai pas seulement remercié, Monseigneur, de la magnifique boîte que vous m'avez envoyée, qui est unique et que tout le monde admire !

Lorsque le beau temps sera venu, s'il vient, je prendrai la liberté de vous envoyer un petit morceau de mon ouvrage, que je vous supplie de recevoir avec bonté.

Pour faire ma paix, aujourd'hui, je vous envoie la lettre ci-incluse ; on me la donna trop tard, la semaine passée ; le courrier était parti.

Lundi dernier, Mme la Dauphine releva de ses couches *, en parfaite santé et plus belle que jamais. La joie de la voir reparaître en public fut générale. Elle est adorée et doit en être bien convaincue d'après les craintes que la légère incommodité qu'elle a eue, les premiers jours de sa couche, a causées à la Famille Royale et à la nation, et d'après la joie sincère et vive qu'a produite son parfait rétablissement. Cet amour qu'on lui porte pour elle-même, elle ne peut plus le soupçonner d'être intéressé, depuis que sa fécondité a si bien assuré le repos de l'État. Nos trois princes sont beaux et bien portants. Le troisième était né un peu délicat, mais comme il s'est trouvé, par bonheur, avoir la meilleure nourrice du monde, il s'est embelli et a profité considérablement depuis sa naissance.

Je compte, Monseigneur, que ma lettre vous trouvera dans la joie, par suite d'un nouveau présent que vous aurez reçu du ciel. Soit prince, soit princesse, qu'il soit le bienvenu ! Que Dieu soit loué ! et qu'il daigne bénir et récompenser à jamais cette auguste famille qui a enrichi ma nation d'un trésor inestimable ! Qu'il vous donne, à vous, Monseigneur, la consolation de voir vos arrière-neveux la servir, et qu'il les rende dignes de cette faveur en leur donnant votre zèle et vos vertus !

Il y a deux mois que je suis accablée de rhumatismes. J'ai toujours griffonné, mais une douleur dans le bras rend mon écriture presque inintelligible ; je vous en fais, Monseigneur, mes humbles excuses. Mme la duchesse de Brancas est partie, avant-hier, pour Paris, quoique fort incommodée, parce que M.^r le duc, son époux, était malade ; on craignait même pour lui une attaque d'apoplexie. On m'a assuré, hier, qu'il était mieux. Il est très-infirme et dans un âge fort avancé.

Mon père est toujours bien, Dieu merci, quoique dans la quatre-vingtième année de son âge. Il m'a chargé, ainsi que M.^r l'abbé Allaire, de vous remercier bien humblement de toutes vos bontés pour eux, et de vous assurer qu'ils restent les plus fidèles de vos serviteurs.

---

* Le comte de Provence était né le 17 novembre 1755.

APPENDICE. 253

L'incommodité de M.me de Salmour m'a bien inquiétée, et j'ai été très-heureuse d'apprendre son entier rétablissement. Dieu vous la conserve, et sa chère famille; et vous conserve aussi, Monseigneur, pour leur bonheur à tous! Continuez-moi l'honneur de vos bontés, et me croyez toujours, avec l'attachement le plus sincère et le plus respectueux, de Votre Excellence,

Monseigneur,
La très-humble et très-obéissante servante,
Marie DE SILVESTRE.

P. S. Je vous supplie, Monseigneur, de ne pas faire connaître, s'il est possible, à M.me la Dauphine que la lettre a été retardée d'un ordinaire; cela ferait tort à une personne toujours fort exacte, et qui, malheureusement, a oublié de me la remettre à temps *.

* La correspondance de Marie de Silvestre avec le comte de Wackerbarth s'arrête à la lettre où Marie donne la nouvelle de la naissance du comte de Provence. La Dauphine a eu, depuis, trois autres enfants qu'on va voir figurer parmi ceux qu'a eus cette princesse, depuis l'époque de son mariage en 1747, jusqu'à sa mort arrivée en 1768. Marie-Josèphe avait alors 37 ans, et était mère de cinq princes et de trois princesses, dont je crois intéressant de rappeler ici les noms qui ne se trouvent réunis dans aucune biographie.

Madame N... de France, née à Versailles le 16 août 1750, morte en 1756.

Louis-Joseph-Xavier de France, né à Versailles le 13 sept. 1751, mort en 1761.

N... de France, duc d'Aquitaine, né à Versailles le 8 sept. 1753, mort en février 1754.

Louis-Auguste de France, duc de Berry, né à Versailles le 23 août 1754; depuis Louis XVI.

Louis-Stanislas-Xavier de France, comte de Provence, né à Versailles, le 17 nov. 1755; depuis Louis XVIII.

Charles-Philippe de France, comte d'Artois, né à Versailles le 9 octobre 1757; depuis Charles X.

Marie-Adélaïde-Clotilde de France, Madame, née à Versailles le 23 mars 1759; mariée, le 27 août 1775, à Charles-Emmanuel, prince de Piémont, fils de Victor-Amédée, roi de Sardaigne.

Elisabeth-Philippe-Marie-Hélène de France, née à Versailles le 3 août 1764, morte le 9 mai 1794.

Au comte Brühl, ministre du cabinet.

Paris, ce 20 avril 1760.

Monseigneur,

Je viens de perdre le meilleur, le plus tendre et le plus aimé des pères. Je puis dire l'avoir vu mourir durant trois mois, et souffrir, avec une patience et un courage de saint, des douleurs continuelles et inexprimables. Il ne laisse à ses enfants qu'un héritage que le malheur des temps ne pourra pas leur enlever, l'exemple de ses vertus, et un attachement pur et inviolable pour ses augustes maîtres et pour ses protecteurs. Il est mort pénétré de la plus vive reconnaissance pour les bontés dont le Roi l'a toujours honoré, en faisant des vœux ardents pour la prospérité de la Saxe qui lui a toujours été aussi chère que sa propre patrie. Il est mort tranquille sur le sort à venir de la modeste fortune de ses enfants, persuadé, Monseigneur, que, dans des temps plus heureux*, ils trouveront toujours en vous, comme par le passé, un second père. Servez-nous-en en ce moment, je vous en supplie comme l'aînée de onze enfants, en nous mettant aux pieds du Roi, votre auguste et bon maître, auquel nous serons, toute notre vie, inviolablement attachés et soumis.

J'ai l'honneur d'être avec un profond respect et une parfaite reconnaissance, de Votre Excellence,

Monseigneur,

La très-humble et très-obéissante servante,

Marie DE SILVESTRE**.

* On était, à cette époque, en pleine guerre de sept ans, qui fut si désastreuse pour la Saxe.
** Lettres de diverses personnes au ministre du cabinet, comte de Brühl.

(*Archives de Dresde.*)

Réponse à la lettre précédente.

Varsovie, le 24 mai 1760.

Mademoiselle,

Vous rendez justice à mes sentiments, quand vous pensez que je serai sensible à la perte que vous venez de faire, et que je contribuerai, autant qu'il dépendra de moi, à votre consolation. J'aimais et j'estimais monsieur votre père, et je me ferai un plaisir de marquer à ses enfants les sentiments que je conserve pour sa mémoire, ainsi que ceux que je conserve, en particulier, pour vous, mademoiselle.

Le Roi a été véritablement touché de la perte d'un bon et ancien serviteur. Sa Majesté m'ordonne de vous le témoigner, en vous assurant de sa bienveillance royale. Ne doutez pas que vous n'en receviez des marques réelles dans des temps plus heureux. C'est à quoi je contribuerai de bien bon cœur, étant avec une véritable estime,

Mademoiselle.....

FIN.

GÉNÉALOGIE DE LA FAMILLE, DEPUIS ISRAËL SILVESTRE.

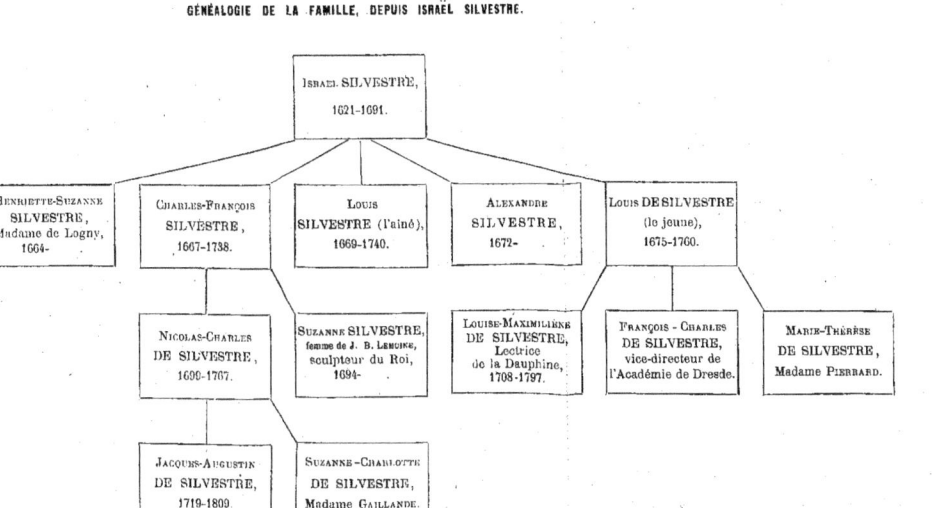

Ma Chere Silverter

Je veut seulement vous dire, que j'ai reçu hier de la Princesse Czatorinska Palatine de Russie le Portrait du plus beau
et plus estimable Prince de l'univers, cet à dire de Monsieur
le Dauphin, je vous souhaiterai de me voir, car je suis toute la
journée à le regarder, et plus je le regarde et plus il me plaît.
car je voudrais pouvoir vous le peindre dans cette Lettre, et je suis
sur que vous troverés que j'ai raison. mes Complimens à votre
famille et l'Abbé Claire, je suis

Ma Chere Vester

Varsovie le 26.me Nov.
1746.

Votre Affectionée
Dauphine Marie
Josephe.

A Mademoiselle
Mademoiselle de Silvestre

à Dresde

Monsieur

Ce n'etoit que dans l'appréension que vous n'eussier quelque raison particuliere pour faire Commencer L'Exposition au 18 aout que j'avois prié Monsr Cochin de prendre vos derniers ordres a ce Sujet, je suis fort flaté que vous vouliez bien Monsieur entrer dans L'embaras ou se trouvoient plusieurs de nos Academiciens de n'être pas prets pour ce jour. L'idée qu'ils ont que cette exposition se fait pour rendre honneur a la fête du Roi Leur a fait croire qu'ils pourroient avoir Le tems necessaire pour mettre La derniere main a ce qu'ils ont a y presenter. Monsr Rouquette est Singulierement dans Le Cas, il n'a pas un instant a perdre pour pouvoir se produire au Salon: d'autant qu'il faut qu'il soit au paravant agrée a L'Academie. vous scavez Monsieur que

nous aurons besoin pour cet acte d'une dispense de
Catholicité que je vous prie de faire expedier promtement.
L'académie sera bien touchée de la prolongation que
vous voulez bien accorder aussi a L'exposition qui ne
peut faire que du bien. je vous prie de m'honnorer
de vos ordres et surtout sur le jour de l'ouverture
et sur la durée du Salon afin que je puisse agir
en Conformité, Je suis avec un respec infini

        Monsieur

                vôtre tres humble et
                tres obeissant serviteur
                Louis de Silvestre

a Paris ce 29.me juillet
1753

TABLE DES MATIÈRES.

	Pages.
AVERTISSEMENT.	1
Aubry (Étienne), peintre du Roi. 116, 117, 135,	136
Callot (Jacques). 10, 21, 22, 26,	156
Documents, brevets, pièces justificatives.	139
Écuries du Roi à Versailles. 12,	13
Henriet (Claude). 7,	125
Henriet (Israël). 7, 9, 10, 22, 126, 139,	157
La Belle (Stéphane). 21, 28,	156
Le Brun (Charles). 10, 18, 19, 147,	155
Le Moyne (J. Baptiste).	102
Logements aux galeries du Louvre. 115,	131
Musée des Petits-Augustins. 19, 20,	128
Notes annexées au texte.	123
Sélincart (Henriette). 10, 18, 20, 126, 141,	159
Silvestre (Israël). .... de 1 à	33

 Documents. — Mariage d'Is. Silvestre, 141, 158. Brevet de graveur ordinaire du Roi, 142. Brevet de maître à dessiner des pages, 143. Premier brevet de logement au Louvre, 145. Brevet de membre de l'Académie de peinture et de sculpture, 146. Brevet de maître à dessiner du Dauphin, 147. Deuxième brevet de logement au Louvre, 148. Démission de la charge de M^e à dessiner des pages en faveur de son fils, Ch. Fr. Silvestre, 149. Extrait de l'inventaire des biens d'Is. Silvestre, 152. Testament d'Is. Silvestre, 157, 159. Partage de la succession, 163.

Silvestre (Henriette-Suzanne).................. 16, 32
Silvestre (Charles-François)................ de 34 à 44

> *Documents.* Brevet de logement au Louvre, 160. Mariage de Ch. François, 161, 163. Brevet de maître à dessiner des pages, 150. Brevet de maître à dessiner des ducs de Bourgogne, d'Anjou et de Berry, 166. Démission de Ch. François en faveur de son fils Nicolas-Charles, 169. Brevet de maître à dessiner du Roi Louis XV, 172. Extrait de l'inventaire de Ch. François Silvestre, 174.

Silvestre (Louis) l'aîné................. de 45 à 51, 178
Silvestre (Alexandre)..................... 52, 132
Silvestre (Louis de) le jeune......... de 54 à 76, 133, 134

> *Documents.* Quelques pièces relatives à Louis de Silvestre, de 178 à 184. Sur le tableau de Louis de Silvestre, qui est au Louvre sous le nom de *Bon-Boulongne*, de 185 à 191. Académie de peinture et de sculpture, en 1753, sous la direction de Louis de Silvestre, 192. Opinion de Dandré Bardon sur Louis de Silvestre, 198. Acte de décès de Louis, 199. Lettre de François-Charles, fils de Louis de Silvestre. 182

Silvestre (Marie-Louise-Maximilienne de), lectrice de la Dauphine.................... de 77 à 89, 134, 211
Silvestre (Suzanne), femme de J. Baptiste Le Moyne, sculpteur du Roi.................. de 101 à 108, 163, 168
Silvestre (Nicolas-Charles de)............... de 90 à 100

> *Documents.* Actes de naissance et de baptême de Nicolas-Charles, 166. Brevet de maître à dessiner des pages, 170. Son mariage, 173. Brevet de logement aux galeries du Louvre, 176. Brevet de M^e à dessiner du Dauphin et des Enfants de France, 177. Inventaire de N. Ch. de Silvestre, 220.

Pages.

Silvestre (Jacques-Augustin de), de 109 à 116, 135, 136, 201, 207, 208
Silvestre (Augustin-François, baron de), de 117-121, 136, 200, 209, 210
APPENDICE. — Avertissement, 211. Marie-Josephe, Dauphine (voir la notice sur Marie de Silvestre, page 77), 212 et suivantes. Extrait d'une correspondance entre Marie de Silvestre et le comte de Wackerbarth, ministre du cabinet du Roi de Pologne............................. 220
Tableau généalogique de la famille d'Israël Silvestre.
Fac-simile de la Dauphine.
   Id.   de Louis de Silvestre.
Table des matières.

FIN DE LA TABLE.

Paris. — Imprimerie de Mme V⁹ Bouchard-Huzard, rue de l'Éperon, 5. — 1869.

www.ingramcontent.com/pod-product-compliance
Lightning Source LLC
Chambersburg PA
CBHW050320170426
43200CB00009BA/1396